마음 드림

석용욱 그림묵상

마음드림

글·그림 석용욱

규장

창작이라는 망망대해를
함께 항해하는 내 아내에게

"여보, 책 잘 팔리게 기도 좀 많이 해요.
내가 당신을 먹여 살릴 길은 이 길뿐이니…."

이야기를 시작하며

"기다리고 있었어요."
책 출간을 결정하고 출판사에 연락했을 때,
담당 편집자로부터 들은 대답이다.
기다리고 있었다는….

편집자의 입을 통해 들은 말이었지만
내게는 하나님의 음성으로 다가왔다.
마치 그의 입을 빌려 직접 말씀하시는 것 같았다.
깊은 위로를 받았다.

사실 출간을 결정하기까지 고민이 많았다.
더 이상 사람들에게 해줄 말도,
보여줄 그림도 없다고 생각했기 때문이다.

그런데 누군가가 내 책을 기다리고 있었다는 것.
그 누군가가 사람이 아닌 하나님이시라는 것.
그러고는 알게 됐다.

내 책의 독자가 하나님이셨구나….

그 유일한 독자를 위해 책을 쓰는 것,
그것이 예배였다.

결국 지난 십 년의 작업 과정 속에서
내가 배운 것을 한 단어로 요약하면
'예배'일 것이다.

그림이 예배가 되게 하는 것.
그림을 그리며 하나님을 알아가고 그분과 가까워지고,
그 결과로 사람들을 돕는 것.

거기서 한 걸음 더 나아가
일상의 모든 일이 예배가 되게 하는 것.
이것이 내가 지난 시간 동안 배운 전부이다….

당신의 일과 재능도 이처럼 예배가 될 수 있으면 좋겠다.
나처럼 그림으로 예배할 수 있다면
당신 분야에서도 충분히 가능할 것이다.

우리의 일과 삶이 모두 예배가 되어,
교회 공동체 안에 일상의 간증이
풍성하게 넘치길 기대해본다.

너희가 먹든지 마시든지 무엇을 하든지
다 하나님의 영광을 위하여 하라

고린도전서 10:31

이야기를 시작하며

1 나의 마음 13

My story | 자기 의 | 안전한 삶 | 도망친 자리 | 불편한 자리 | 중심 잡기 | 풀무불 | 다니엘의 믿음 | 비밀 없는 사이 | 하나님의 마음 | 혈기도혈기+기도 | 고속 퇴진 | 낮아짐 | 내 자리 | 왕주먹 | 약속 | 사자를 너보다 앞서 보내신 | 다 하나님이 하셨습니다

2 하나님 마음 65

그런 네 모습까지도 이쁘다 | 소통의 방법 | 팩트 폭격 | 애정공세 | 내 뜻대로 안 될 때 | 노후 걱정 | 갑을관계 | '갑질' 관계 | 함정 | 죄 | 욕심이란 | 죽음이란 | 책망과 징계 01 | 책망과 징계 02 | 놀라운 은혜 | 낮은 자리 | 상하고 깨어진 마음 | 기도의 삶 | 동행

차례

3 세상 속 마음 117

산의 신 | 평범한 삶 | 저녁 식탁 | 글로벌 세대 | 다음세대 | 지도자 01 | 지도자 02 | 꼰대 | 회복 탄력성 | 사막을 횡단하기 01 | 사막을 횡단하기 02 | 사막을 횡단하기 03 | 힘센 사람한테 붙기 | 중보기도 | 주관자 | 말말말 01 | 말말말 02 | 막연한 기다림 | 건강한 신앙 | 깊은 데로 나아가 | 말씀에 의지하여 | 순종 | 전도서 | 균형감

4 성도의 마음 173

깨달음 | 잊혀짐 | 생활영성 | 타국인 | 원칙 | 공동체가 하나 된다는 것 | 공동체를 사랑한다는 것 | 본질 | 진짜 어른 | 진짜 지혜 | 진짜 업그레이드 | 똑똑한 사람 | 말씀 01 | 말씀 02 | 말씀 03 | 소금 | 명품 조연 | 방주 vs 배 | 깜짝 선물 | 안전지대 | 갈 바를 알지 못하고 나아갔으며 | 변화와 성장 | 감사 | 마음 | 행복 | Keep going

이야기를 마치며
감사의 글

PART
1
나의 마음

복음을 전하기 위한 끝없는 모험.
멈추지 않고 성령님과 동행하기.

바울은 단 한순간도 현실에 안주하지 않았습니다.
끊임없이 이야기를 만들어나갔기 때문입니다.

My story

나는 신학을 전공하지 않았기에
목사도, 전도사도 아니다.
정식으로 파송받은 적도 없으니
엄밀히 말하면 선교사도 아니다.
그저 여러 선교지를 전전하며 사역했던
선교단체 간사일 뿐이다.

그래서 내가 사람들에게 줄 수 있는 메시지는
그냥 내 이야기밖에 없다.

사역을 하면서 그린 사람들 이야기.
그리고 그들을 그릴 때 주신 하나님의 마음.

그런데 이 이야기에 감동받는 청년들을 만난다.
그들 역시 그림을 그리거나 그림을 사랑하는 친구들이고,
하나님을 위해 자신의 은사를 쓰고 싶어 한다.

그래서 내 이야기에 공감하는 걸까?
그들이 갈증을 적시는 게 느껴진다.

참 감사한 일이다.
누군가의 갈증을 적셔줄 수 있다는 것.
목마름을 채워줄 수 있다는 것.

내가 잘나서가 아니라
이야기를 삶에 심어주신 분이 존재하기 때문이다.

앞으로도 청년들에게 나눠줄 수 있는
더 많은 이야깃거리가 생겼으면 좋겠다.

소박하고 진솔하며 가공되지 않은 이야기들.
무엇보다 맥락 속에 하나님이 실존하는 이야기들.

그러려면 앞으로도 그분과 더 깊이 동행해야 할 듯….

여호와여 사람이 무엇이기에 주께서 그를 알아주시며
인생이 무엇이기에 그를 생각하시나이까…

시편 144:3

지도는
보는 것이 아니라
그려나가는 것입니다.

자기 의義라는 덫

보이지는 않지만 아주 가까운 곳에서
승승장구하는 당신의 발목을 노리고 있습니다.

자기 의

책을 만들수록
흰 종이를 마주하는 것이 막막하고 두렵다.
창작의 부담과 출간의 책임감이
무게를 더해가기 때문이다.
물론 이 모든 것은 내 능력 부족 때문이다.
충분히 인정한다.

결국 작품 활동이란 것도
성령님의 인도와 도움 없이는 불가능하다.

이스라엘을 구름기둥과 불기둥으로 인도하시듯
영감으로 한 걸음씩 인도해주시지 않는다면
창작이라는 광야에서 한 걸음도 내딛을 수 없다.
단 한 줄의 글도 쓸 수 없고,
한 장의 그림도 그릴 수 없다.

글 한 줄, 그림 한 장도 이럴진대
다른 일은 어떨까?
성령님의 인도와 도움 없이 할 수 있는 일이
과연 있기나 할까?

최고의 전략은 스펙이 아니라 순종입니다.
전쟁의 승패가 여호와께 달려 있기 때문입니다.

안전한 삶

화려한 경력을 쌓으면
좋은 회사에 취업해서
안전한 삶을 살게 될 것이라고 믿었다.

하지만 안전한 삶이란 개념이
사람들이 만들어낸 일종의 환상임을 알았다.
화려한 경력을 쌓아 좋은 회사에 들어간 그 누구도
자신의 삶이 안전하다고 느끼지 않기 때문이다.

이럴 줄 알았으면 하나님께 매달릴 걸.
그게 가장 안전한 길이었을 텐데….

구스 사람과 룹 사람의 군대가 크지 아니하며
말과 병거가 심히 많지 아니하더이까
그러나 왕이 여호와를 의지하였으므로
여호와께서 왕의 손에 넘기셨나이다

역대하 16:8

나오미가 모압 지방에서
그의 며느리 모압 여인 룻과 함께 돌아왔는데
그들이 보리 추수 시작할 때에 베들레헴에 이르렀더라

룻기 1:22

도망친 자리

나오미와 그녀의 남편 엘리멜렉은
고향에 흉년이 들자
모압 지방으로 이사를 간다.
동족과 함께 힘을 합쳐
어려움을 극복해야 하는데
나 살자고 재산을 챙겨
다른 곳으로 도망친 것이다.

마치 그 모습이
선교지에 어려운 상황이 닥치자
나 살자고 동료들을 버리고 도망쳐 나온
내 모습 같다.

불편한 자리

부르신 자리에서 도망치자
가장 불편한 사람은 바로 '나 자신'이었다.

누구도 내게 손가락질하지 않았고,
육체도 편안했고,
아무런 금전 손실도 없었지만,
내 영은 본능적으로 직감하고 있었다.

내가 그분의 뜻에서 벗어났다는 것을….

하나님의 뜻에서 벗어났던 그때,
가장 많이 번뇌하며 고통스러웠다.

무엇으로 중심을 잡으시렵니까?

변하지 않는 진리,
그 진리인 하나님의 말씀을 붙잡는 사람만이
중심을 바로잡게 될 것입니다.

중심 잡기

아빠 엄마가 빨리 보고 싶었는지,
사 개월이나 일찍 세상에 나온 첫아이는
열흘간 인큐베이터에서 숨 가쁘게 세상을 경험하고는
열하루째 날 오후에 하늘나라로 떠났다.

급작스럽게 모습을 드러내고 훌쩍 떠나버린 삶이,
이 나라 저 나라를 떠돌며 선교하던 내 모습을 닮았다.
아내보다 나를 더 닮은 녀석이었나 보다.

그렇게 조금은 망연자실하며
멈춰 있는 듯한 시간을 보내고 있을 때 말씀을 받았다.

주께서 내 내장을 지으시며 나의 모태에서 나를 만드셨나이다
내가 주께 감사하오음은 나를 지으심이 심히 기묘하심이라
주께서 하시는 일이 기이함을 내 영혼이 잘 아나이다
내가 은밀한 데서 지음을 받고
땅의 깊은 곳에서 기이하게 지음을 받은 때에
나의 형체가 주의 앞에 숨겨지지 못하였나이다
내 형질이 이루어지기 전에 주의 눈이 보셨으며
나를 위하여 정한 날이 하루도 되기 전에
주의 책에 다 기록이 되었나이다

시편 139:13-16

짧게 허락된 부모와 자식의 연이었지만
아이의 시작과 끝은 이미 모태에서부터 계획되었고,
주의 책에 다 기록되어 있었다는 사실이 큰 위로로 다가왔다.
'주신 이도 하나님이시고 거두어가시는 이도 하나님이시니.'

마음의 위로를 얻자 감사할 것이 떠올랐다.
우리 부부가 이 시간을 통해 더 깊이 사랑하게 되었다는 것.
아내의 아픔을 비로소 내 아픔으로 여기게 되고,
더 단단하게 결속되었다는 것.
뒤늦게 '아담'이 되어가는 것 같았다.

태명은 '축복이'.
'혹시 태명을 잘못 지었던 걸까?'
잠시 고민해본 적도 있었으나 역시 잘 지었다.
아빠와 엄마 사이에 단단한 사랑을 심어주고 갔으니,
제 이름값은 하고 간 것 아닌가….

내가 사망의 음침한 골짜기로 다닐지라도
해를 두려워하지 않을 것은 주께서 나와 함께하심이라
주의 지팡이와 막대기가 나를 안위하시나이다
시편 23:4

풀무불

선교사 생활 십 년 차.
넉넉지 않은 재정으로 살아왔지만
한번도 굶은 적이 없다.
그토록 좋아하는 커피도 못 마신 적이 없다.
하나님은 물질과 정서의 필요를 다 채워주셨다.

그럼에도 불구하고,
여전히 믿음이 부족한 걸까?
돈 문제는 늘 만만치가 않다.
그 정도 체험했으면 여유 있게 넘길 만도 하건만
찾아올 때마다 뜨겁다. 타 죽을 것 같다.
금신상에 확 엎어져 절해버리고 싶은 심정이다.

돈….
여전히 내게는 맹렬히 타는 풀무불이다.

왕이여 우리가 섬기는 하나님이 계시다면
우리를 맹렬히 타는 풀무불 가운데에서 능히 건져내시겠고
왕의 손에서도 건져내시리이다

다니엘서 3:17

이에 왕이 명령하매
다니엘을 끌어다가 사자 굴에 던져 넣는지라

다니엘서 6 : 16

다니엘의 믿음

다니엘이 사자 굴에 던져졌다.

던져지는 그 순간에도
'사자 굴에서 건짐 받을 것을 기대하기'보다는
'사자 굴에서 찢겨 나갈 것을 각오'했다.

다니엘의 믿음은 그런 믿음이었다….

가까운 사이에는 비밀이 없습니다.

하나님은 다니엘에게 하늘의 비밀을 알려주셨습니다.
그만큼 가까운 사이였기 때문입니다.

비밀 없는 사이

벨사살 왕의 환상을 해석하고
꿈으로 예언을 하는 다니엘.

그런 다니엘을 보며
그만의 특출난 총명함과 신령함이 있는 줄 알았다.

그런데 그게 아니었다.
다니엘은 그저 하나님과 가까운 사이였을 뿐이다.

비밀이 없을 만큼 아주 가까운 사이.

네가 깨달으려 하여
네 하나님 앞에 스스로 겸비하게 하기로 결심하던 첫날부터
네 말이 응답받았으므로 내가 네 말로 말미암아 왔느니라
다니엘서 10:12

하나님은 다니엘에게 알려주셨던 비밀을
나에게도 알려주고 싶어 하십니다.
나와도 그만큼 친밀해지기를 원하시기 때문입니다.

하나님의 마음

진짜 놀라운 것은,
하나님이 지금 나와도 다니엘만큼이나
비밀 없는 사이가 되기를 바라신다는 것이다.

다니엘 같은 총명함과 신령함도 없는 나와
다니엘 이상으로 가까워지기를 갈망하고 계시다는 것.

하나님을 알아가면 알아갈수록
그 마음을 다 이해할 수가 없다.

곧 창세전에 그리스도 안에서 우리를 택하사
우리로 사랑 안에서 그 앞에 거룩하고 흠이 없게 하시려고
그 기쁘신 뜻대로 우리를 예정하사 예수 그리스도로 말미암아
자기의 아들들이 되게 하셨으니…

에베소서 1:4,5

중얼… 중얼… 중얼…
기도도 내 혈기로 하면 그저 중언부언일 뿐입니다.

혈기도 혈기+기도

청년시절 좋아하는 자매가 있었다.
하나님께 기도했지만 응답이 없었다.
계속 기도하며 응답을 구하다가
더 참을 수가 없어 기도원에 갔다.
독하게 마음을 먹은 것이다.

'내가 오늘은 꼭 응답을 받아
이 여자를 내 여자로 만들고 말리라!'
다짐을 거듭하며 기도방에 들어갔다.
두 손을 움켜쥐고 나무 뿌리라도 뽑을 심산으로
주여 삼창을 외치기 시작했다.

이십 분이나 지났을까?
허공을 떠도는 내 음성만이 기도실을 채울 뿐,
아무도 듣고 있지 않다는 생각이 들었다.
배만 고팠다.

결국 난 기도실에서 나와
기도원 식당에서 설렁탕을 사 먹고 집으로 돌아왔다.

기도도 내 힘으로 하는 것이 아니었다.

너무 빨리 오르면
내려가는 것도 빠릅니다.

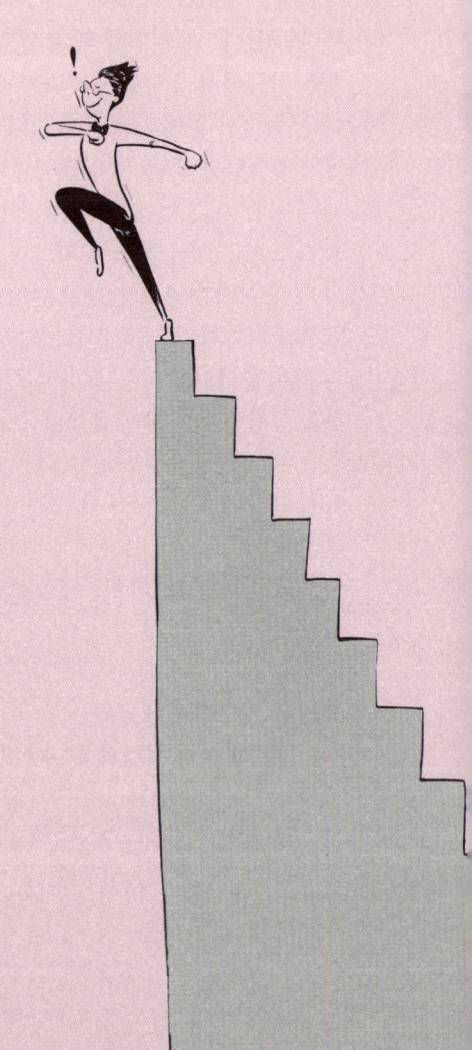

고속 퇴진

아주 빠른 속도로 요직에 오른 적이 있다.
일종의 고속 승진이었다.
당시에는 자리에 오른 것만으로도 기뻐서
그냥 열심히만 하면 될 줄 알았다.
그런데 웬걸…?

육 개월 정도 지나니 어느새 밑천이 다 드러났다.
자리를 감당할 준비가 전혀 안 되었던 것이다.
결국 주변 사람들한테까지 민폐를 끼친 후에야
스스로 자리에서 물러났다.
비참했다….

그러고는 알게 됐다.
한 계단씩 오르는 것이 얼마나 중요한지를.
때에 맞게 오르는 것이 하나님의 큰 축복이란 것을.

다시는 빨리 오르지 않을 것이다.
떨어질 때 너무 아프다.

바울의 위대한 여정은
그 혼자 힘으로 이뤄낸 것이 아니었습니다.

두기고, 오네시모, 아리스다고, 바나바, 마가, 아킵보.
그 외에 이름조차 거론되지 않은 수많은 동역자들.
그들과 협력함으로 이뤄낸 것입니다.

그러므로 혼자 해낼 수 있는 하나님의 일이란 없습니다.
누군가의 도움을 받는다는 것은
그리스도인에게 지극히 자연스러운 일입니다.

낮아짐

누군가에게 도움을 받기보다
누군가를 돕는 사람이 되고 싶었다.

마음에 긍휼함이 많아서 그런 줄 알았는데
알고 보니 자존심이 강해서 그런 것이었다.
정말 원했던 것은 **누군가를 도울 만큼의
능력과 위치를 갖고 싶었던** 것이니까.

선교사가 되니 도움 받는 일이 일상이 되었다.
도움을 받지 않으면 아무 일도 할 수 없고,
생존조차 불가능하게 되었다.

사람 앞에서 낮아지는 삶은 더 이상 미덕이 아니다.
적어도 내게는 생존이다.

세상에 수많은 자리가 있지만
내 자리는 없는 것처럼 느껴질 때.

내 자리

내 발로 자리를 박차고 나왔지만
정작 내가 갈 수 있는 자리는 없었다.
그렇게 한참을 배회하다가 깨달았다.

그간 자리를 만들어내신 분이
하나님이셨다는 것을….
내 힘으로 얻은 자리가 아니었음을.

다음 자리는 어디가 될지 알 순 없지만
절대 놓치지 말아야겠다.

목이 곧은 백성이니라
신명기 9:6

순종하지 않고 고집 부릴 때,
하나님도 피곤해 하시지만
정작 피곤한 사람은 나 자신입니다.

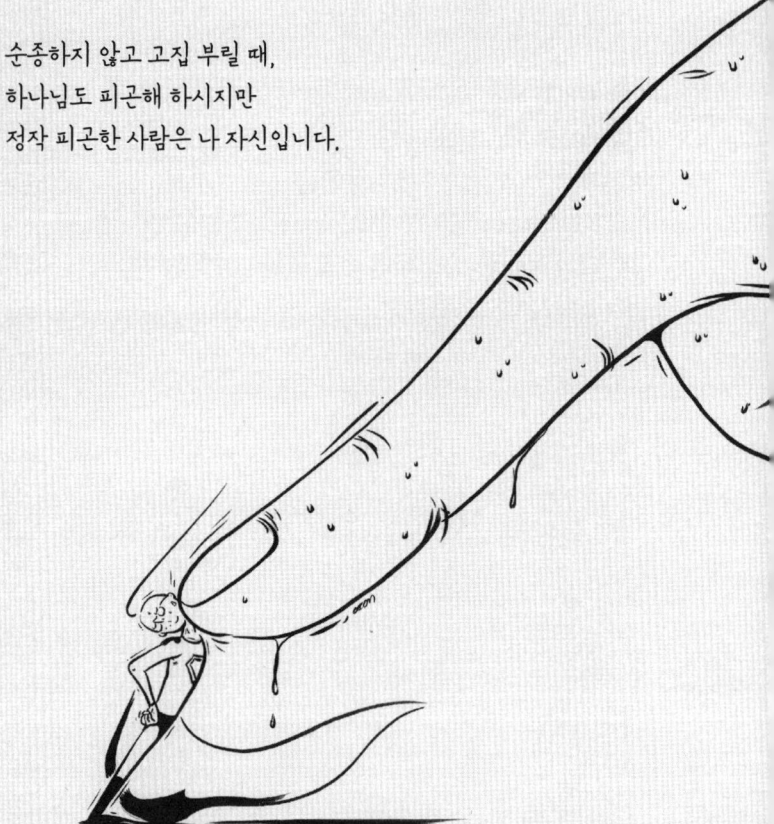

왕주먹

작은 전시회를 연 적이 있다.
그런데 성과가 매우 좋았다.
그림이 다 팔렸기 때문이다.

팔린 그림 값을 계산하며 흐뭇해하고 있을 때,
말씀 한 구절이 주님의 음성으로 다가왔다.

내 은혜가 네게 족하도다…
고린도후서 12:9

이미 필요를 다 채워주고 계시니
돈 욕심 부리지 말란 의미였다.

심각하게 고민이 됐다….

삼 일간 씨름하며 고민한 끝에
그림을 팔지 않고 선물하기로 결단했다.

선물을 받은 구매자들은 모두 놀라며
감사의 편지를 남겨주었다.
어떤 이들은 선물을 남겨주고 가기도 했다.

현금을 거둬들이신 못했시반
마음을 거둬들이는 순간이었다.
훈훈했다….

그러나 정작 나 자신은
결정을 내리기까지 쉽지 않은 시간을 보냈다.

씨름하고 고민하는 내내,
주먹이 정말로 저만했기 때문이다.

슬프도다!
움켜쥔 주먹을 펴는 것이
어찌 이리 힘이 드는가?

상식은 아주 중요한 것이지만,
하나님 앞에서 그것을 버려야 할 때도 있습니다.

예수께서… 오라 하시니 베드로가 배에서 내려
물 위로 걸어서 예수께로 가되

마태복음 14:27-29

끝까지 약속을 지킨다는 건,
하나님의 신실함^{faithfulness}을
드러내는 중요한 일.

약속

크고 작은 수많은 약속을 어기며 살아왔다.
어길 만한 사정도 있었다.
그 누구도 뭐라 하지 않았다….

하지만 그 가운데서도
나를 책망하던 한 사람이 있었는데
바로 나 자신이었다.

스스로를 믿을 수 없게 된 것.

약속을 어기며 받은 가장 **큰 체벌**이었다….

홍해를 가른 것은 모세가 아니라 하나님입니다.

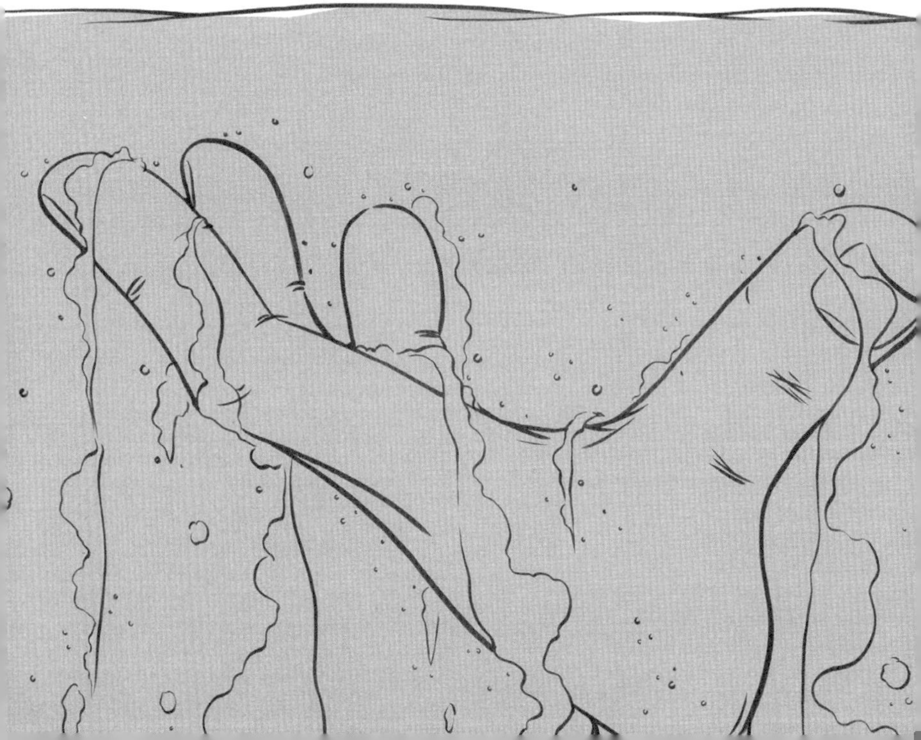

사자를 너보다 앞서 보내신

선교사와 예술가.
물질적으로 불안정한 두 직업군에 모두 속해 있다.
일에 대한 자부심은 있지만
앞으로도 물질이 넉넉할 것 같진 않다.

그래서였을까?
어느 시점에 결혼을 포기했었다.
부모의 심정을 헤아려 보니,
딸자식 가진 어느 부모가
나 같은 놈에게 딸을 보낼까 싶어
쿨한 척 미리 포기한 것이다.

그런데 '그 어느 부모'가 있긴 있더라….

아내와 결혼하게 됐을 때,
아내의 부모님께 인사를 드리러 가야 하는데
도저히 발걸음이 떨어지지 않았다.

'내 직업을 이해해주실까?'
'내가 가족으로 받아들여질 수 있을까?'
'한 달에 얼마씩 버냐고 물으시면 뭐라고 대답하지?'

수만 가지 질문에 대한 답변을 떠올리며
청문회장(처가)에 들어선 순간,
나를 기다리고 있던 것은
환하게 반겨주는 어머님의 미소였다.
그러고는 자리에 앉기도 전에
백숙 한 솥을 내오시며 말씀하셨다.

"이 일은 내가 허락을 하고 안 하고의 문제가 아니니,
자네가 알아서 다 진행하게…."

내 무거운 마음의 짐이 완전히 덜어진 순간이었다.

나중에 알고 보니 하나님께서
나보다 먼저 부모님을 만나주셨다.
부모님의 새벽기도 시간에 찾아가 만나주시고
마음을 열어주셨던 것이다.
내가 갔을 때는 이미
'그가 사자를 너보다 앞서 보내신' 후였다.

돌아보면 나는 결혼을 한 게 아니다.
결혼이 된 것이다.

그분의 힘을 빌리면 넉넉히 넘을 수 있습니다….

이걸 어쩌나!
자리가 나를 붙잡고 있는 건지
내가 자리를 붙잡고 있는 건지.

아래로 내려가기가 영 힘드네….

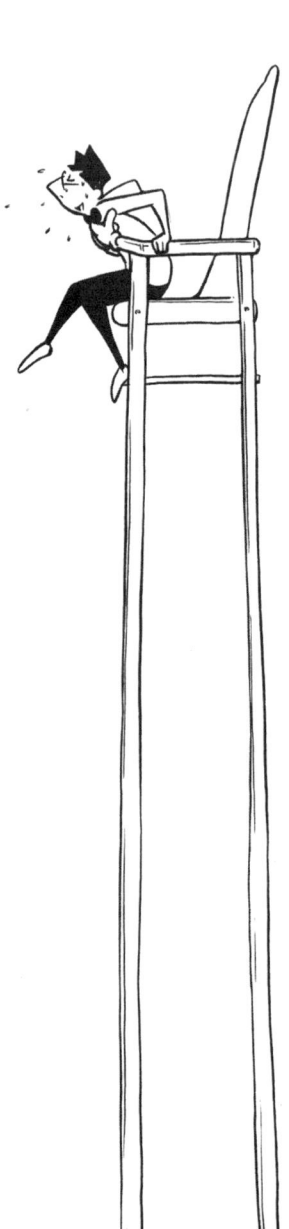

다 하나님이 하셨습니다

"하나님이 하셨습니다."
그동안 드라마 대사를 읊고 다닌 것이었을까?

막상 하나님이 내 전부를 거둬가시자
말할 수 없는 상실감과 우울이 몰려왔다.

내 것이 다 어디 갔냐고···.
다 돌려달라고···.
마치 뭔가를 빼앗긴 사람처럼
한없이 억울함을 호소했다.

"하나님이 하셨습니다"라는 고백은
말로 증명해낼 수 있는 것이 아니었다···.

기도란

걸치고 있던 옷을 모두 벗고
흰 속살 그대로 하나님께 가닿는 것.

억울함이 정점에 달할 무렵,
아주 단순한 기도가 입 밖으로 흘러나왔다.

"돌려주세요. 제발 돌려주세요….
그것 없으면 나 죽어요."

멋진 어휘나 거창한 수사 따위는 없었다.
그냥 날것의 기도였다.
그러곤 응답이 왔다.

'처음부터 네 것이 아니었다….'

원하는 것을 돌려받진 못했으나
기도의 응답은 받았다….

결국 주종主從 관계를 배웠다.

과정이 유쾌하진 않았다.
오히려 아프기까지 했다.
하지만 그래서 더 잘 각인된 것 같다.

이후로 절대 내 것을 내 소유로 여기지 않고,
잠시 빌린 것으로 여기기로 했으니 말이다.

각각 은사를 받은 대로
하나님의 여러 가지 은혜를 맡은
선한 청지기같이 서로 봉사하라

베드로전서 4:10

주인을 태운다는 것은
내 원대로 가지 않겠다는 것입니다.
그래서인지 조련되기까지
좀 고되다 싶을 때도 있습니다.

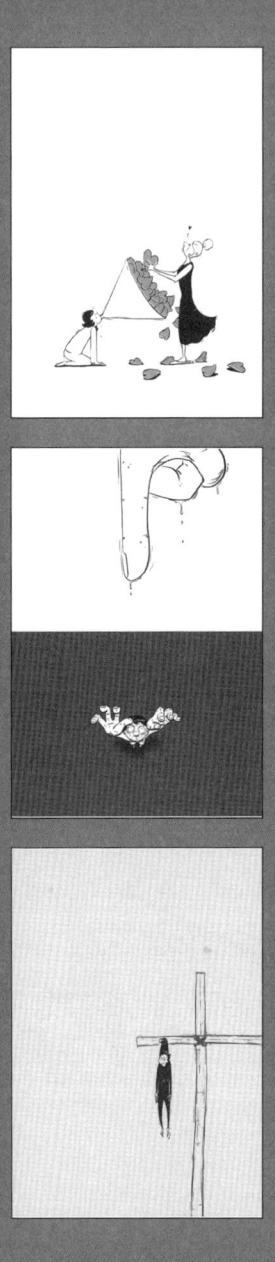

PART
2

하나님 마음

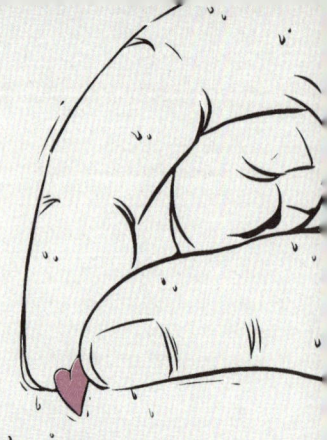

조카는 늦둥이 막내딸입니다.
집안의 모든 사랑을 독차지하며 일곱 살 많은 오빠보다
훨씬 많은 것들을 누리고 있지요.
그런 조카가 어쩌다 한 번 엄마한테 혼날 때면
이렇게 말하곤 합니다.

"엄만 왜 맨날 나만 미워해!"

그런데 이 말이 그저 철없는 아이의 한 마디인지
내 영혼의 한 마디인지 좀 헷갈리기도 합니다.

그런 네 모습까지도 이쁘다

목회를 하는 친한 동생이
막 돌이 지난 아들 이야기를 들려주었다.
어느 날 분유를 타는데,
더 맛있게 먹이고픈 마음에 잘 흔들어 섞느라
분유 먹일 타이밍을 잠깐 놓치자
아이가 울고불고 난리를 치더라는 것이다.

그 '잠깐'을 참지 못하고….

잠시 후 젖병 꼭지를 입에 물리자
언제 그랬냐는 듯 행복해 하더란다.

참 단순하면서도 어리기만 한 모습을 보며
그 안에 자신의 모습이 비춰졌다고.

더 좋은 것을 주시려고 기도의 응답을 잠시 지체하실 때,
그 잠시를 참지 못하고 울며 떼쓰는 자신의 모습이.

그러나 그 친구가 진짜로 하고 싶은 말은
그 뒤에 있었다.

자기 아들의 그런 모습이,
그 단순한 어리석음이,
'밉지 않다'는 것이다.
실은 그 모습조차도 이뻐 보인다는 것이다.
'내 자식'이니까….

완전 반전이었다.

우리가 아빠 아버지라고 부르짖느니라

로마서 8:15

아무리 좋은 것일지라도
내가 주고 싶은 것만을 일방적으로 주는 것은
사랑이 아닐 것입니다.

사랑의 속성 자체가 이타적利他的이기 때문입니다….

소통의 방법

아내에게 내 방식의 애정표현을 하면
오히려 오해가 쌓이고 싸움이 난다.

아내에게는
아내가 사랑받고 있다고 느끼는
그녀만의 언어 방식이 있기 때문이다.

애정을 전달하는 방법에 있어서도
상대가 느낄 수 있는 상대의 언어로
전달해야 한다는 것을 알았다.

마음만 가지고는 안 된다.
대상을 연구하고 끊임없이 고민하며
노력을 더해야 한다.

그렇게 생각해보니
성경이 한글로 번역되었다는 것이
새로운 감회로 다가온다.
하늘의 언어가 우리의 언어로 기록되어 있다는 것.

하나님의 고민이 존 로스 목사의 고민이 되어
이응찬, 서상륜을 통해 한글로 번역케 하셨고,
하나님의 열심이 수많은 상인들의 열심이 되어
선교사가 조선에 파송되기도 전에
성경이 먼저 보급되게 하셨다.

하나님도 마음만 갖고 계신 게 아니었다.
그분의 애정을 표현하려고
고민도 하시고, 연구도 하시고,
거기에 노력도 더하신 것이었다.

소통 疏通

(명사: 뜻이 서로 통하여 오해가 없음)

너무 높은 자리에서는 잘 들리지 않습니다.
소통하는 리더는 내려와서 듣는 리더입니다.

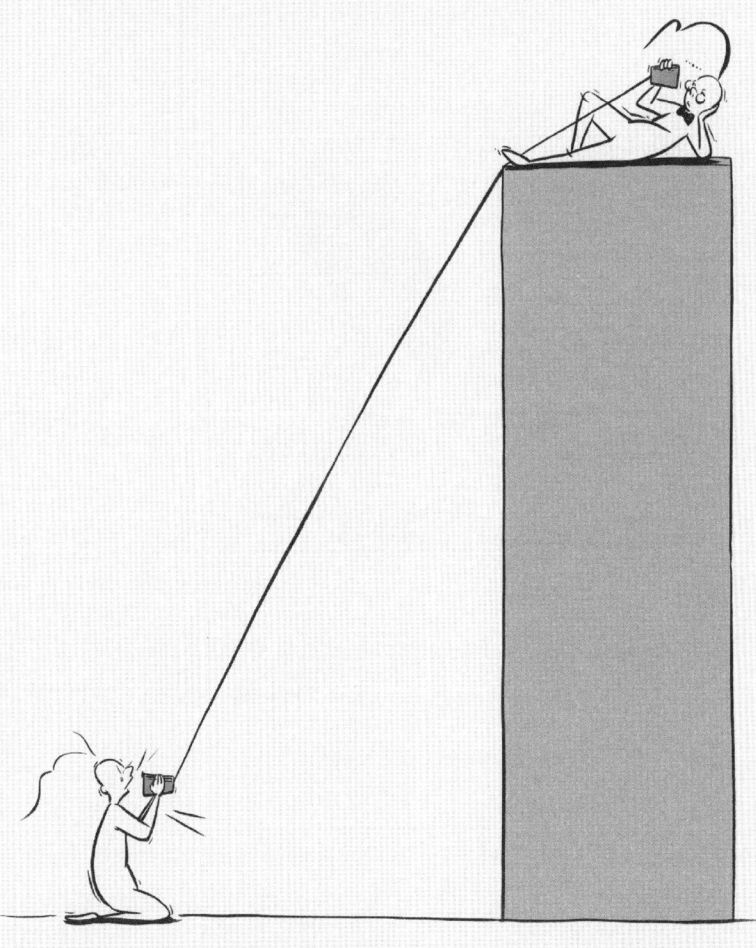

"욥이 아무런 이유 없이 하나님을 경외하는 줄 아십니까?
주께서 욥과 그 가정과 재산을 늘 지켜주지 않으셨습니까?
그래서 하나님을 경외하는 거 아닙니까!"

욥기 1:9,10 참고

사탄의 이 한 마디가 내 폐부를 찌릅니다.
신앙생활의 동기를 살펴보게 하기 때문입니다.

팩트 폭격

사탄은 팩트 폭격기이다.

내 안의 죄.
내 연약함.

없는 사실을 꾸며대지 않고,
있는 사실을 가지고 폭격한다.
정확하고 날카롭다.

그래서 아무도 그 참소를 견뎌낼 수 없다.

애정공세

사탄이 팩트 폭격을 퍼붓는다면
하나님은 애정공세를 퍼부으신다.

내 안의 죄.
내 연약함.

모두 알고 계심에도 나를 보호해주신다.
절대 포기하시지 않는다.

이 사랑을 견뎌낼 사람 역시
아무도 없다.

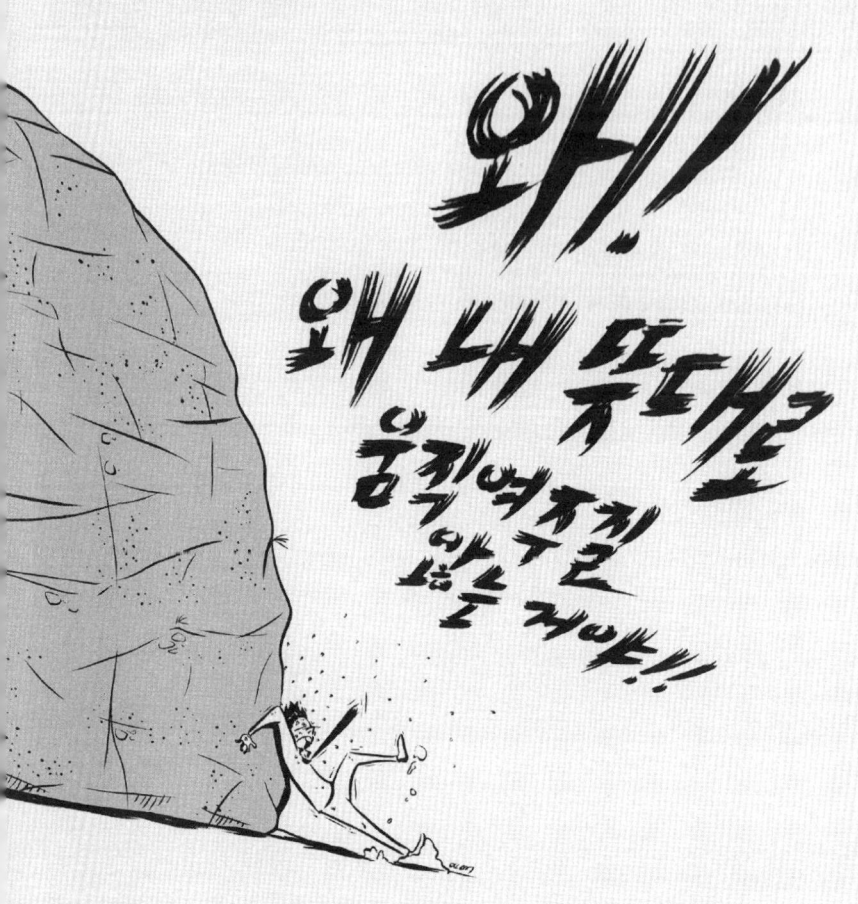

사람들이 내 뜻대로만 움직여주길 바라는 마음,
그 마음을 독재^{獨裁}라고 합니다.

내 뜻대로 안 될 때

내 뜻대로 안 되는 게 더 좋을 수도 있다.
'하나님 뜻대로 되어가는 중'일 수 있으니….

힘닿는 데까지만 던집시다.

너무 먼 미래의 일까지 고민하는 것도
일종의 불신앙입니다.
하나님께서 이미 계획을 가지고 계시니까요.

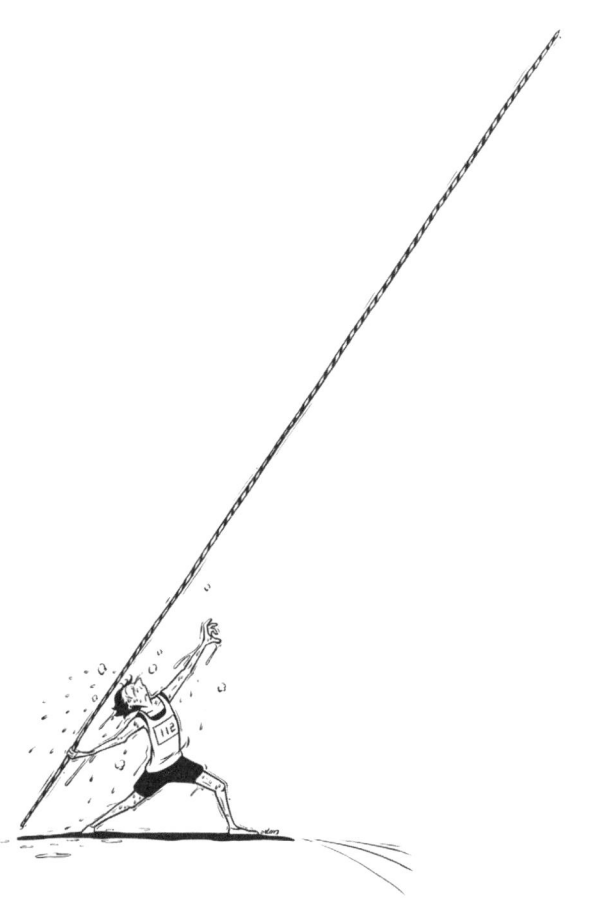

노후 걱정

벌써부터 노후가 걱정이다.
계산에 계산을 더해봐도 답이 안 나온다.

늙을 때에 나를 버리지 마시며
내 힘이 쇠약할 때에 나를 떠나지 마소서…
내가 늙어 백발이 될 때에도 나를 버리지 마시며
내가 주의 힘을 후대에 전하고
주의 능력을 장래의 모든 사람에게 전하기까지
나를 버리지 마소서

시편 71:9,18

이 말씀,
그저 이 말씀을 붙잡는 수밖에….

각 사람은 위에 있는 권세들에게 복종하라
권세는 하나님으로부터 나지 않음이 없나니
모든 권세는 다 하나님께서 정하신 바라

로마서 13:1

다윗이 왕으로서 한 첫 번째 일은
나쁜 왕을 섬기는 일이었다.
그는 기름부음을 받은 후 사울왕의 궁전에 들어가
그의 종이 되었다.
그러나 그의 경우에,
종이 되는 것과 왕이 되는 것은 반대가 아니었다.

다윗에게 종으로서 섬기는 일은
그 자체가 이미 왕으로 통치하는 일이었다.
그는 종인 동시에 왕이었다.

— 유진 피터슨, 《다윗: 현실에 뿌리박은 영성》 중에서

갑을관계

하나님은 갑을관계를 인정하신다.
갑의 자리를 존중하신다.

질서의 하나님이시기 때문이다.

'갑중의 갑'이신 예수께서
을의 형상으로 이 땅에 오셨습니다.

고로 '갑질'이란 것은
기독교 정신 속에는 존재할 수 없습니다….

'갑질' 관계

갑을관계를 인정하시나
'갑질'관계는 인정하시지 않는다.

예수님을 보내셨기 때문이다.

넘었다고 생각하는 순간이 넘어지는 순간입니다.
넘었다면 한 번 더 점검하세요.

함정

'갑질'은 잘못된 행동이다.
하나님도 이 행동을 미워하신다.
갑질한 사람은 손가락질받아도 싸다!

하지만 그렇게 손가락질하는 사이,
나 역시 어딘가에서 갑질을 하고 있는 건 아닐까…?

집 앞 편의점 직원을 어떻게 대했는가?
택배 기사 아저씨를 대하는 내 태도는 어땠는가?
혹 아내에게 갑질하고 있는 건 아닐까?

돌아보니 누굴 욕할 자격이 없다.
그게 다 내 모습이다….

죄: 과녁을 벗어나다.
[하마르타노 Hamartano, 헬라어 동사]

죄

성경이 말하는 죄란
하나님의 뜻에서 벗어난 상태이다.

세상의 법을 지키는 것은 당연하거니와
삶의 구석구석에서
하나님의 뜻에서 벗어난 것은 없는지
세밀히 검토하며 살아야 한다.
한마디로 그리스도인은
죄의 기준을 더 높여야 한다.

참 피곤하구나….

간음하지 말라 하였다는 것을 너희가 들었으나
나는 너희에게 이르노니 음욕을 품고 여자를 보는 자마다
마음에 이미 간음하였느니라

마태복음 5:27,28

선악을 알게 하는 나무의 열매는 먹지 말라
네가 먹는 날에는 반드시 죽으리라 하시니라

창세기 2:17

욕심이란

그깟 과일 하나 따 먹은 게 뭐 그리 대단한 일이라고,
사람을 에덴동산에서 내쫓기까지 하셨을까?
이해가 가질 않았다.

그런데 성경을 읽을수록
말씀에서 의미하는 욕심이란
'남보다 많이 가지려는 것'이 아니라
'허락되지 않은 걸 가지려는 것'임을 알게 되었다.

그간 정말 많은 욕심을 부리며 살아왔다.

진짜 저주는

하나님과 분리되는 것

죽음이란

선악을 알게 하는 나무의 열매는 먹지 말라
네가 먹는 날에는 반드시 죽으리라 하시니라
창세기 2:17

결국 그 열매를 따 먹었지만
아담이나 하와, 어느 누구도 죽지 않았다.
이후로도 둘은 많은 자녀를 낳고,
오랫동안 살다가 자연사했다.
죽는다는 것은 일종의 겁박일 뿐이었나…?

성경이 말하는 죽음이란
육체의 호흡이 끊어지는 것만을 의미하진 않는 것 같다.
에덴동산에서 쫓겨나 하나님과 멀어지고
결국에는 그분과 관계가 끊어지는 것,
이것이 진짜 죽음이 아닐까?

나는 그런 죽음이 훨씬 더 무섭다.

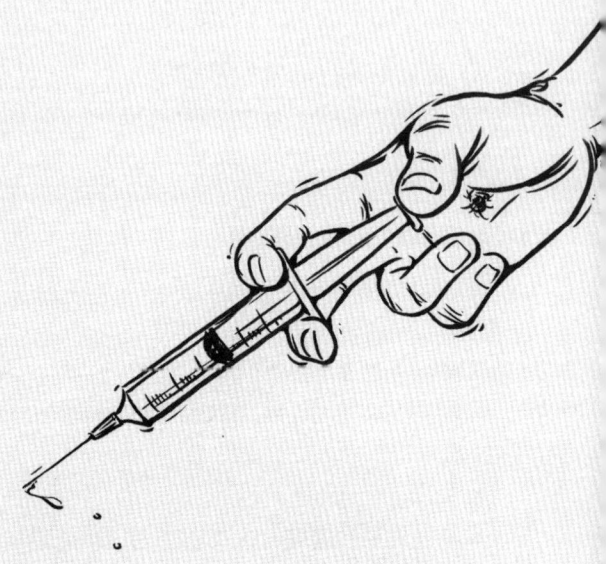

책망이란

하나님께서 사랑하는 자녀에게 주시는 한 방입니다.
고로 조금 따끔할 수 있습니다.

책망과 징계 01

달콤한 칭찬만 듣고 싶다.
쓴소리는 듣고 싶지 않다.

그러면 안 되겠지?
내 영혼이 온통 당뇨와 충치로 가득할 테니….

지혜로운 사람의 책망을 듣는 것이
우매한 자들의 노래를 듣는 것보다 나으니라

전도서 7:5

내가 사랑하는 자를 책망하여 징계하노니
그러므로 네가 열심을 내라 회개하라

요한계시록 3:19

책망과 징계 02

아내와 나는
남에게는 듣기 좋은 말을 잘해주지만
서로에게는 잘 안 해준다.

듣기 좋은 말을 해주기보다는
'진심'을 말해주려 한다.
때로는 그것이 상대를 아프게 하더라도.

가장 가까운 사이이기 때문이다.

마음의 위로를 얻고
영혼의 평안을 찾게 되는 것을
'은혜'라고 합니다.

하지만 양심에 찔림을 얻고
마음이 불편해지며
급기야 고통스럽게 깨지는 것은
'놀라운 은혜'라고 합니다.

놀라운 은혜

전자가
다친 사람을 치료하는 것이라면
후자는
다치지 않는 단단한 몸을 갖게 해주는 것이다.

난 이제 더 단단해지고 싶다.

인간은 높이 오르려 하나,
예수님은 오히려 낮게 내려오십니다.

결국 예수님과 가까워질 수 있는 자리는
낮은 자리입니다.

낮은 자리

하늘 보좌 버리고 이 땅에 내려오신 예수님이
이 땅보다 더 낮은 자리로 내려오실 때가 있다.

그 자리가 바로 내 인생의 밑바닥이다.

가장 곤고한 자리.
스스로 비참하다고 느껴지는 그때,
예수님을 이전보다 더 깊이 만난다.

굳이 그 아래까지 가서 만나고 싶진 않은데….
기왕이면 높은 자리에서 만나고 싶은데….

높은 자리에선
내가 만나주지 않을 것이라고 여기시는지
꼭 그 어두컴컴한 아래까지 내려와
기다리고 계신다.

고난은 내 모난 부분을 깎아주며
나를 성숙하게 다듬어갑니다.

한 명의 성숙한 사람이 된다는 것,
참 경이로운 일입니다….

그렇게 따지고 보니
밑바닥까지 내려간다는 것도
꼭 나쁜 일만은 아닌 것 같다.

중요한 만남을 갖고 오니까….

"단순한 거란다.
겨울이 지나면 봄이 온다는 거…."

긴 겨울의 끝에 있는 당신에게.

"삶이 따라가지 않기 때문에 노래하기를 멈추기보다는
삶이 따라갈 때까지 노래하기를 멈추지 않겠노라고
다시 한번 스스로 다짐해봅니다…."

— 김재우 선교사(프로스쿠네오 다민족 예배사역자)

상하고 깨어진 마음

어노인팅 녹음집회를 마치고 돌아왔습니다.

처음 그리스도인이 되어 찬양음반을 들을 때면
그 찬양을 부르는 사람들이
지구상에서 가장 아름다운 사람들 같았고,
나도 그들과 함께 그들이 속한 사랑의 공동체를
경험하고 싶다는 바람이 간절했습니다.

하지만 예수님을 믿은 지 오랜 시간이 흐르고
그동안 사람들과 나 자신에게 실망할 대로 실망하다 보니,
이제는 겉으로 고상하고 아름다워 보이는
교회와 선교단체, 예배예술사역 팀이
실제로는 얼마나 연약하고
깨어지기 쉬운 사람들의 집합인지 알게 되었습니다.

나 자신과 사람들에게 실망하여
한때 교회를 떠나보기도 하고 사역을 내려놓기도 했지만,
여전히 다시 일어나 하나님께 노래하는 이유는
주께서 원하시는 것은 상하고 깨어진 마음이라는
확신이 들었기 때문입니다.

이번 어노인팅 작업도
'깨어지고 상한 사람들이 부끄러운 마음으로 드리는 예배'
그 이상은 아닐 것입니다.
지난 몇 달간 녹음 과정에서 만난 사람들 역시
치열한 삶 속에서 예배자로 살기 위해
발버둥치는 이들이었을 뿐입니다.

노래로 예배할 때 분명 현실도피와 자기기만,
감정 중심의 자아도취 등 위험한 요소들이 섞여 있습니다.

그럼에도 불구하고
교회가 함께 노래한다는 것은
이런 것만으로는 다 설명될 수 없는
시간과 공간, 문화를 초월해 이어온
신앙의 신비라고 생각합니다.

그래서 저는
삶이 따라가지 않기 때문에 노래하기를 멈추기보다는
삶이 따라갈 때까지 노래하기를 멈추지 않겠노라고
다시 한번 스스로 다짐해봅니다….
―김재우 선교사의 페이스북 글 중에서

신앙인이란 결국,
하나님을 사랑하는 사람이 되는 것.
더 붙일 것도 뺄 것도 없습니다.

기도의 삶

우리는 단순히 하나님의 임재 안에
조용히 머무를 시간이 필요하다.
일 분이든 한 시간이든 한나절이든….

특별히 시간을 정해
하나님만을 위한 시간으로 떼어놓지 않는 한
결코 그분의 뜻을 찾아갈 수 없다.

물론 여기에는 많은 모험이 필요하다.
우리 앞에는 언제나 시급해 보이는 일이 있으며,
'그저 가만히 앉아 아무 일도 하지 않는' 것은
오히려 기도의 방해 요소로 여겨지기 때문이다.

그러나 다른 길은 없다.
하나님의 임재 안에 무익한 존재로 침묵하는 것,
그것이야말로 모든 기도의 핵심이다.

– 헨리 나우웬, 《기도의 삶》 중에서

조급한 내 마음이
하나님을 추월하려 할 때도 있고,

맹렬한 내 분노가
하나님보다 커질 때도 있으며,

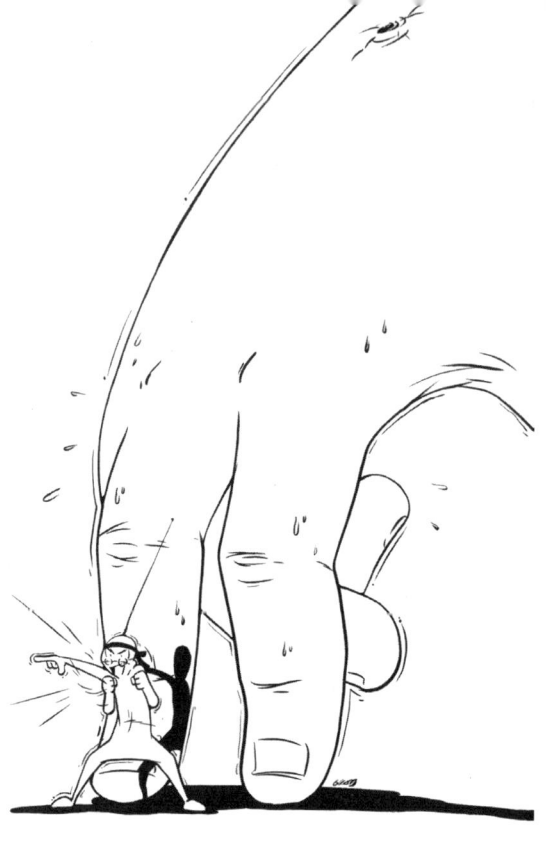

지나친 내 열심이 하나님을 가로막을 때도 있다.

동행

아무리 좋은 것도
하나님보다 앞서가는 것은 좋지 않다.
이제는 그분과 발걸음을 맞추고 싶다.

'동행'하고 싶다.

PART
3
세
상
속

마음

아람 왕의 신하들이 왕께 아뢰되
이스라엘의 신은 산의 신이므로
그들이 우리보다 강하였거니와
우리가 만일 평지에서 그들과 싸우면
반드시 그들보다 강할지라
열왕기상 20:23 참고

하나님을 가둬두고 있는 나의 산은 어디입니까?

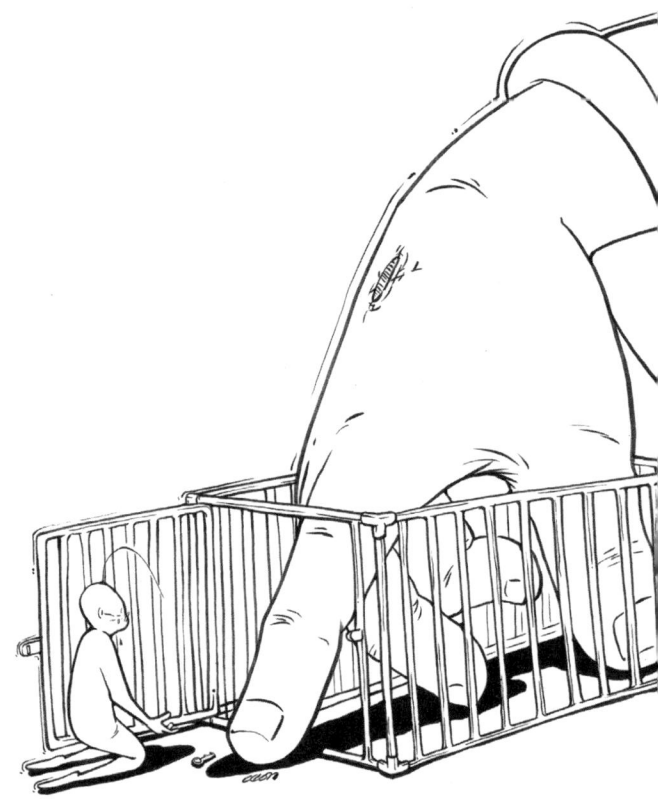

산의 신

"이스라엘의 신은 산의 신이므로
평지에서 싸우면 이길 승산이 있다!"

하나님을 모르는 이방인들의 생각이지만
나 역시 그들처럼 생각하고 살진 않았을까?

'하나님은 교회 안의 하나님이시다.
말씀은 교회 안에서만 적용될 수 있지
교회 밖에서는 전혀 적용될 수 없다!'

하나님의 말씀을 가둬두고 있던 나의 산은 어디일까?

너희 하나님 여호와는 상천하지 上天下地 에 하나님이시니라

여호수아서 2:11 참고

사람이 먹고 마시며 수고하는 것보다
그의 마음을 더 기쁘게 하는 것은 없나니
내가 이것도 본즉
하나님의 손에서 나오는 것이로다
전도서 2:24

평범한 삶

어머니가 평생 바라온 꿈이 하나 있다.
그것은 평범한 주부가 되는 것이다.

남편이 벌어다 주는 돈으로
알뜰살뜰하게 살림하면서 사는 것.

일찍 세상을 떠나신 아버지와
선교로 뛰어든 아들 때문에
결국 이루지 못한 어머님의 오랜 꿈이다.

평범하게 산다는 것,
누군가에게는 평생을 꿔도 이루지 못한
놀라운 축복이다.

마른 떡 한 조각을 먹어도 화목한 것이
고기가 가득하고도 다투는 것보다 나으니라

잠언 17:1 참고

저녁 식탁

매일 저녁 식탁에서
행복해질 수 있는 기회가 주어진다.

물론 오늘 저녁에도 그 기회는
어김없이 당신 식탁을 찾아갈 것이다.

다음세대는 G^{Global}세대입니다.

기성세대에게는 민족의식이 없어 보일 수 있습니다.
왜냐하면 온 세계를 내 나라로 삼고 있기 때문입니다.
어려움을 모르는 것처럼 보일 수 있습니다.
승리와 성취의 기억이 더 많기 때문입니다.
건방져 보일 수 있습니다.
모든 사람과 대등하게 관계하기 때문입니다.
너무 튀는 것처럼 보일 수 있습니다.
다른 사람과 나의 차이를 다름으로 보기 때문입니다.

전 세계를 내 무대로 삼고, 여러 나라 사람들과 협력하며,
나와 다른 사람의 차이를 인정하고,
자신감 있지만 교만하지 않은 세대.

다음세대가 바로 이 G세대입니다.
교회 공동체는 이 세대를 어떻게 맞이하고 준비해야 할까요?

글로벌 세대

2010년 캐나다 벤쿠버 동계올림픽에서
김연아를 비롯한 한국의 스케이팅 선수들이
대거 입상했을 때 흥분해서 썼던 글과 그림이다.

오랜 시간이 지난 지금,
당시의 흥분은 완전히 가라앉았지만
기도는 전혀 가라앉지 않았다.

여전히 나는,
다음세대가 글로벌 세대가 될 것이라고 믿으며
청소년과 청년들을 위해 기도하고 있다.

그리고 진정한 글로벌 세대는
선교하는 세대라는 것을 믿어 의심치 않는다.

강직한 해결사 디도와
사랑스럽고 온유한 디모데.

두 젊은이는 언제나 바울의 양쪽에 서서
든든한 버팀목이 돼주었습니다.

청년 세대를 점점 잃어가는 지금,
본문을 읽다 보면 나도 모르게 그들을 위한
기도가 나오곤 합니다.

'하나님!
다음세대를 잃지 않도록 우리를 준비시켜 주세요.
이 땅에 다시 한번 디도와 디모데 같은
청소년과 청년들을 일으켜 주세요'.

다음세대

어떻게 해야 디도와 디모데 같은
청소년과 청년들을 일으킬 수 있을까?

고민하며 기도하던 중
하나님께서 깨달음을 하나 주셨다.

'네가 먼저 바울 같은 리더가 되어야 한다….'

아… 고민이 깊어진다.
기도를 그만둬야 하나….

나의 리더를 위해 기도하고 있습니까?

지도자 01

지도자가 우리를 벼랑 끝으로 인도하면
모두가 벼랑 끝으로 내몰리게 되고,
푸른 초원으로 인도하면
푸른 초원에 눕게 된다.

지도자는 그냥 중요한 존재가 아니라
모든 것이다.

이것이 우리가 지도자를 위해 기도해야 하는 이유다.

그가 왕위에 오르거든
이 율법서의 등사본을 레위 사람 제사장 앞에서
책에 기록하여 평생에 자기 옆에 두고 읽어
그의 하나님 여호와 경외하기를 배우며
이 율법의 모든 말과 이 규례를 지켜 행할 것이라
그리하면 그의 마음이 그의 형제 위에 교만하지 아니하고…

신명기 17:18-20

지도자 02

반면에 지도자는
스스로를 우월하게 여겨선 안 된다.
그 순간,
그 자리에서 물러나게 된다.

성경적 리더십과 영적 우월감은
공존할 수 없는 개념이니.

하나님,
이 땅의 아버지들이 육신은 비록 노쇠하나
날마다 하나님의 영으로 새롭게 되어
청년의 영혼으로 주어진 삶을 다 살게 하소서.

꼰대

날마다 새롭게 되지 않는 사람을
세상은 '꼰대'라고 부른다.

이는 나이와 무관하다.

오늘 내가 팔십오 세로되
모세가 나를 보내던 날과 같이
오늘도 내가 여전히 강건하니
내 힘이 그때나 지금이나 같아서
싸움에나 출입에 감당할 수 있으니
그날에 여호와께서 말씀하신
이 산지를 지금 내게 주소서

여호수아서 14:10-12

특별히 애쓰거나 노력하지 않아도
자연스레 우리의 생각과 관심은
육신의 것들로 쏠리게 됩니다.

이것이 우리가 마음을 다해
경건에 힘써야 하는 이유입니다…

회복 탄력성

이쁜 여자가 지나가면 기분이 좋다.
자연스레 눈이 돌아간다.
마음으로 이미 간음한 걸까?
그리스도인이란
애초에 눈이 안 돌아가는 사람을
의미하진 않는 것 같다.

본능적으로 눈이 돌아가지만
의지적으로 재빨리 되돌리는 사람.

즉 회복 탄력성이 좋은 사람이
그리스도인이다.

주의 말씀은 내 발에 등이요
내 길에 빛이니이다

시편 119:105

사막을 횡단하기 01

"지도가 아닌 나침반을 따라가라."

바람이 강하게 부는 날에는
지도에 있던 모래 언덕은 사라지고
지도에 없던 모래 언덕이 새로 만들어진다.

비가 많이 오는 날에는
지도에 없던 강이 생겨 흘러넘치기도 한다.

이렇듯 지형이 변하기에 지름길을 찾을 수 없다.
사막에서는 지도가 필요 없다.

나침반을 따라가야 한다.
사막 끝을 향하고 있는 나침반의 방향을.

나의 주일은 어떠합니까?
진정으로 주님과 안식하고 있습니까?
너무 분주하게 보내고 있진 않나요.

생산성, 효율성을 떠나 하나님과 시간을 가지세요.
그리고 깊이 안식하세요.
그래야 다음 주일까지 살아갈 힘을 얻을 수 있습니다.
단순하지만 어려운 일입니다.

사막을 횡단하기 02

"그늘이 나오면 무조건 쉬어가라."

사막은 그늘이 많지 않은 곳이다.
그래서 그늘이 나오면 무조건 쉬어야 한다.
다음 그늘이 어디서 나오는지 알 수 없을 뿐더러
지금 쉬지 않으면
가다가 죽는 경우가 종종 생기기 때문이다.

사막에서의 쉼은 호사가 아니라 필수이다.

체중에 맞게 들어 올립시다!

너무 많은 일을 한 번에 해내려는 것도 어리석은 행동입니다.
하나님께서는 감당할 만큼의 일만 주시기 때문입니다.

사막을 횡단하기 03

"가볍게 짐을 싸라."

사막에서는 짐이 너무 많으면 안 된다.
장거리 이동이 불편하고,
급작스런 상황 변화에 대처할 수 없다.

체격에 맞는 가방을 골라 꼭 필요한 짐만 넣기.
사막을 횡단하는 방법이다.

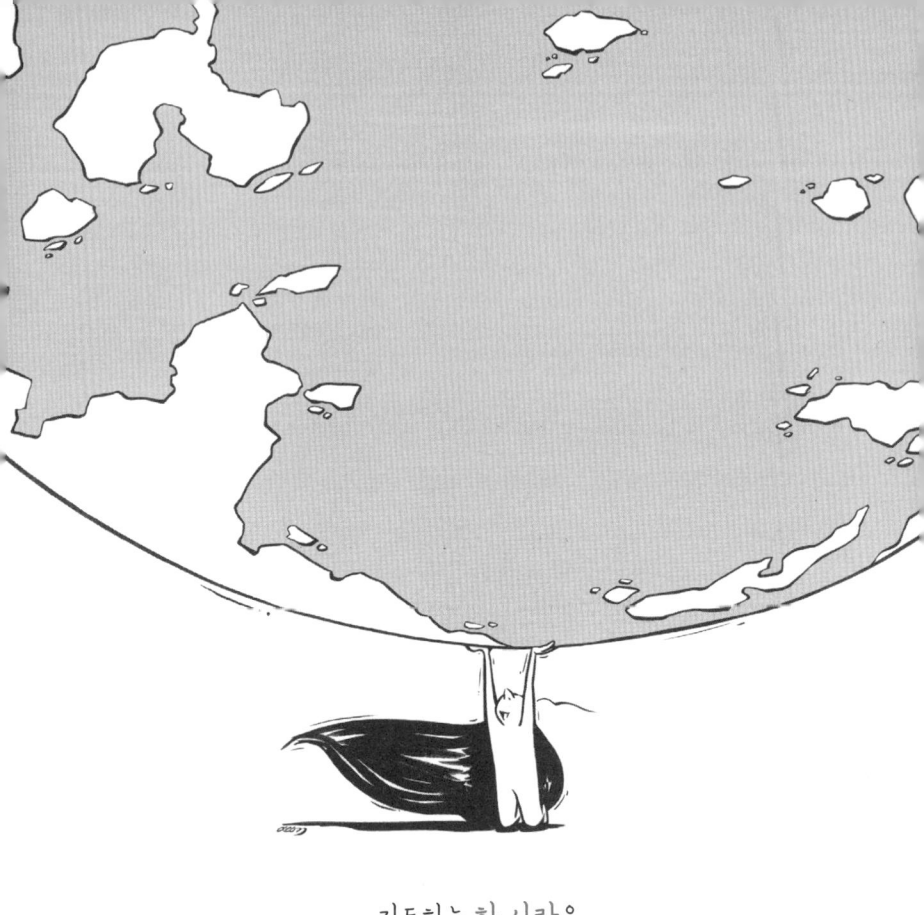

기도하는 한 사람은
기도하지 않는 한 민족보다 강하다.

힘센 사람한테 붙기

기도하지 않으면 내 힘으로 일하지만
기도하면 하나님이 주신 힘으로 일하게 된다.
누구의 힘이 더 셀까?

상상치도 못했던 사람들이
하나님을 예배하는 것을 반드시 보게 될 것입니다!

각 나라와 족속과 백성과 방언에서
아무도 능히 셀 수 없는 큰 무리가 나와
흰 옷을 입고 손에 종려 가지를 들고
보좌 앞과 어린양 앞에 서서 큰 소리로 외쳐 이르되
구원하심이 보좌에 앉으신
우리 하나님과 어린양에게 있도다 하니
요한계시록 7:9,10

중보기도

해외에서 노방전도를 하다 보면
전도 부스 쪽으로 스스럼없이 찾아오는
중동 사람들을 종종 만난다.

그들은 원래 무슬림이었는데
꿈이나 환상 같은 직접 계시를 통해
예수님을 만났고, 영접했노라고 간증한다.

출신 국가도 제각각이었는데,
전부 선교사가 들어갈 수 없는 나라들이다.

놀라운 경험이었다.
어떻게 이런 일이 가능했을까?

한국을 포함한,
전 세계의 수많은 기도 모임들이 생각났다.
나도 가끔 참여했던 무슬림을 위한 기도 모임들.

본 적도, 만난 적도 없는 그들을 위해
간절히 기도하던 교회의 목사님들, 선교단체의 간사님들,
개별 그룹의 권사님들….

수많은 기도 모임과 그 모임에서 조용히
기도에 매진하던 사람들의 얼굴이 떠올랐다.

'그들의 기도가 하나도 땅에 떨어지지 않고 있었구나….'

너희 중의 두 사람이 땅에서 합심하여 무엇이든지 구하면
하늘에 계신 내 아버지께서 그들을 위하여 이루게 하시리라
두세 사람이 내 이름으로 모인 곳에는
나도 그들 중에 있느니라

마태복음 18:19,20

기도할 수 있다는 게 얼마나 다행입니까!!
기도를 들으시는 분이 계시다는 뜻이니까요.

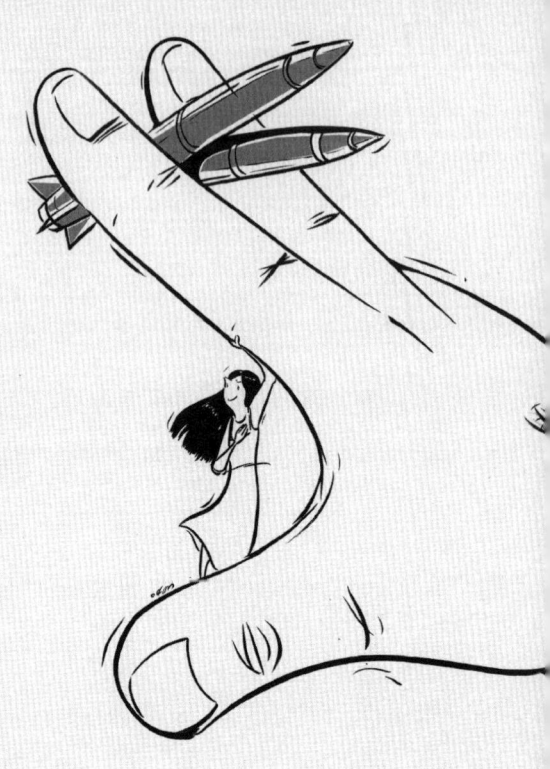

싸울 날을 위하여 마병을 예비하거니와
이김은 여호와께 있느니라
잠언 21:31

주관자

안보가 불안하니 시국이 어수선하다.
그래서 기도해야겠다.

그는 때와 계절을 바꾸시며
왕들을 폐하시고 왕들을 세우시며
다니엘서 2:21

칼로 찌름같이 함부로 말하는 자가 있거니와
지혜로운 자의 혀는 양약과 같으니라

잠언 12:18

말말말 01

한 마디면 충분하다.
사람 무너뜨리는 것.

세상에 금도 있고 진주도 많거니와
지혜로운 입술이 더욱 귀한 보배니라
잠언 20:15

말말말 02

한 마디면 충분하다.
무너진 사람 일으키는 것.

기다림이 고단한 이유는
때를 알 수 없기 때문입니다.

막연한 기다림

막연하게 기다리는 것이
세상에서 제일 싫다.

상황이 좀 고되더라도
종료되는 때를 알 수 있다면
그때를 바라보며 견딜 수 있을 텐데….

이 상황이 언제 끝날지,
다른 계획을 세워도 되는 건지…
도무지 알 수 없을 때가
개인적으로 가장 힘들다.

마치 제대 날짜를 알 수 없는 군생활 같다.

하지만 이때 가장 많이 자라는 게 있다.
바로 '신뢰하는 법'이다.

제대 날짜를 알 순 없지만
그날이 있다는 것
그리고 그날을 준비하는 분이 계시다는 것.

믿어져서 믿는 게 아니다.
이때에 할 수 있는 일이란
그저 이날이 있다고 믿고
하루하루를 살아내고 잘 견뎌내는 것,
그뿐이다….

그렇게 쥐어짜듯 만들어가는
억지스러운 믿음 속에서도
하나님을 향한 신뢰는 자라난다.

때로 믿음이란
그렇게 멋있게만 자라는 게 아니니까.

어쨌거나 열매를 맺게 하는 힘은
'인내'입니다….

건강한 신앙은
영적 균형감으로 나타납니다.

건강한 신앙

몸 전체가 말랐는데
한쪽 허벅지 근육이 유난히 두꺼울 때,
"건강하다"라고 말하지 않는다.
"병원에 가라"라고 말한다.

건강하다는 건 그런 것이다.

한쪽만 크고 단단한 근육이 잡혀 있는 것이 아니라
몸 전체에 잔근육이 잡혀 있는 것.

너희는 삼가 행하여 좌로나 우로나 치우치지 말고
너희 하나님 여호와께서
너희에게 명령하신 모든 도를 행하라

신명기 5:32,33

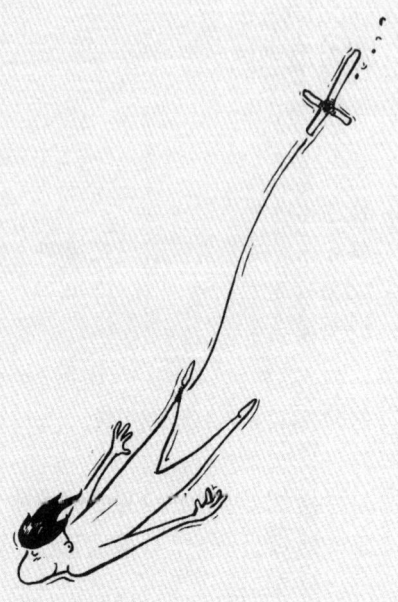

내 혈기로 헤쳐 나가기보단
복음으로 흘러가고 싶습니다….

깊은 데로 나아가

예수께서… 시몬에게 이르시되
깊은 데로 가서 그물을 내려 고기를 잡으라
누가복음 5:3,4

깊은 곳,
내게 그곳은 어디일까…?
내가 원하는 것들로 가득 찬 곳은 아닐 것이다.
내가 예상할 수 있는 곳도 아닐 것이고.

예측이 안 되는 곳,
조금은 불편한 곳,
오직 나를 비워야만 갈 수 있는 곳,
하지만 예수님이 가라 하시는 곳….

시몬이 대답하여 이르되
선생님 우리들이 밤이 새도록 수고하였으되
잡은 것이 없지마는 말씀에 의지하여 내가 그물을 내리리이다
누가복음 5:5

그런 곳이면 어떠랴.
내 힘으로 밤새 수고하고도
잡은 것 하나 없는 삶보단 낫지 않겠는가!

말씀에 의지하여

선생님 우리들이 밤이 새도록 수고하였으되
잡은 것이 없지마는
말씀에 의지하여 내가 그물을 내리리이다
누가복음 5:5

베테랑 어부 베드로가
예수님의 말씀에 의지해서 그물을 던진다.

십수 년간 현장에서 쌓은
전문 지식과 경험, 노하우를 모두 버리고···.

그렇게 하니 고기를 잡은 것이 심히 많아
그물이 찢어지는지라
누가복음 5:6

말씀에 의지해서 그물을 던진다는 것.
베드로는 전문성을 버린 것이 아니었다.
전문성을 뛰어넘은 것이었다.

인간의 끝은…

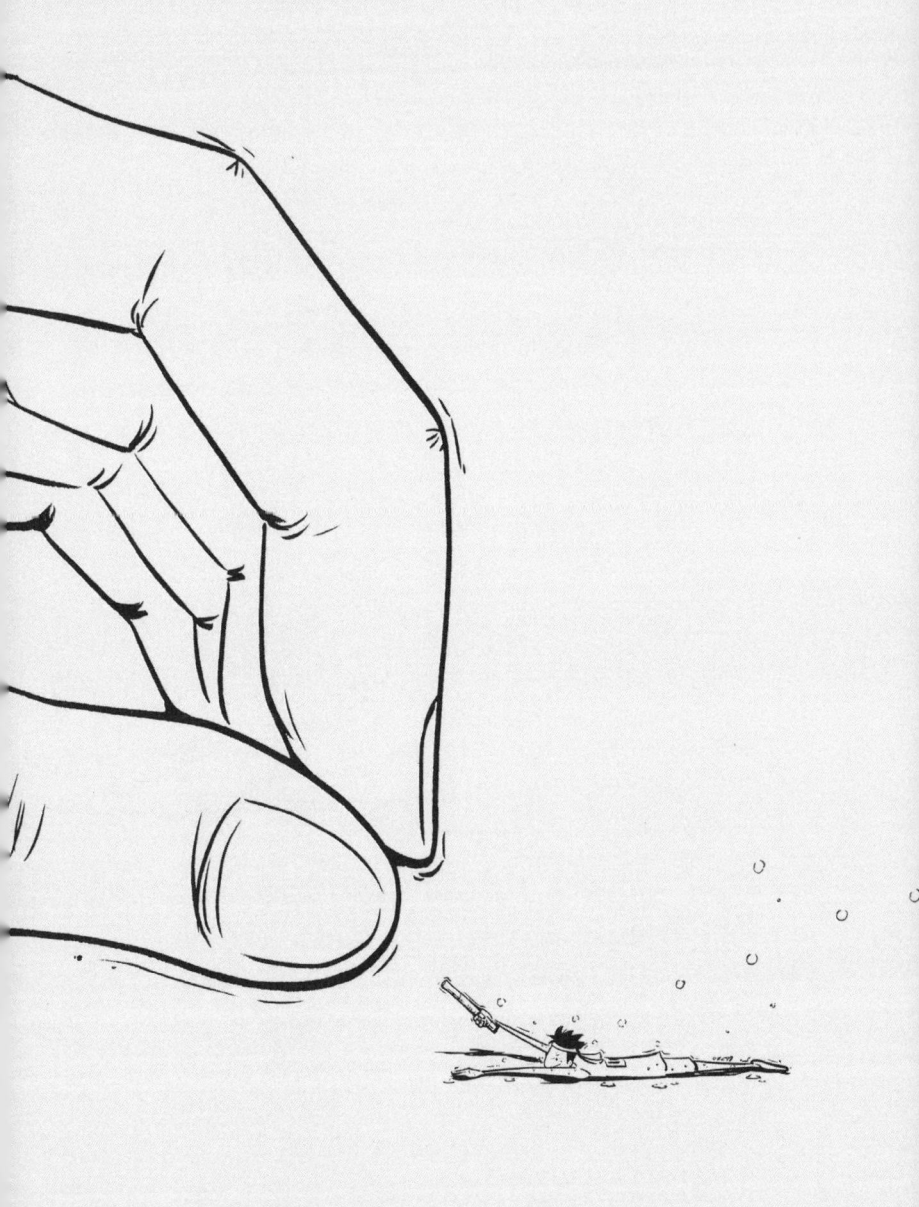

하나님의 시작입니다.

여리고 성과 같은 인생의 장벽들.
그분의 때에 그분의 방식으로 무너져 내릴 것입니다.

순종

육 일간 성을 한 바퀴씩 돌고
칠 일째 되던 날 마지막 바퀴를 돈 후,
나팔을 불고 큰 소리로 외치니
거대한 성벽이 무너져 내렸다.
역사상 유례가 없는 공성전이었다.

그들이 칠 일간 성을 돌 때
성벽에서 그들을 지켜보던 적군들은
얼마나 기이하게 여겼을까?
그들을 얼마나 바보같이 생각했을까?

순종이란 그런 것이다.
누가 이상하다는 듯 쳐다보거나
손가락질하더라도 그냥 믿고 따라가는 것.

그렇게 할 때,
사상 유례가 없던 방식으로
내 삶의 장벽들이 무너져 내린다.

인간은 나이 듦으로써
스스로가 유한한 존재이며
창조주의 피조물일 뿐임을
온몸으로 증명합니다.

전도서

전도서는 온통 "헛되다"는 표현으로 가득 차 있다.
"헛되고 헛되니 모든 것이 헛되도다."

저자인 솔로몬이 노년에 하고 싶었던 말이 뭐였을까?
그저 인생의 허무함을 말하려 했을까…?

아니다.
그는 '인간은 유한한 존재'임을 강조함으로써
자연스럽게 '하나님이 영원하신 분'임을
보여주려 한 것이다.

솔로몬이 전도서를 통해 정말 하고 싶었던 말은,
엘 올람 El Olam,
"하나님은 영원하시다"라는 것이다.

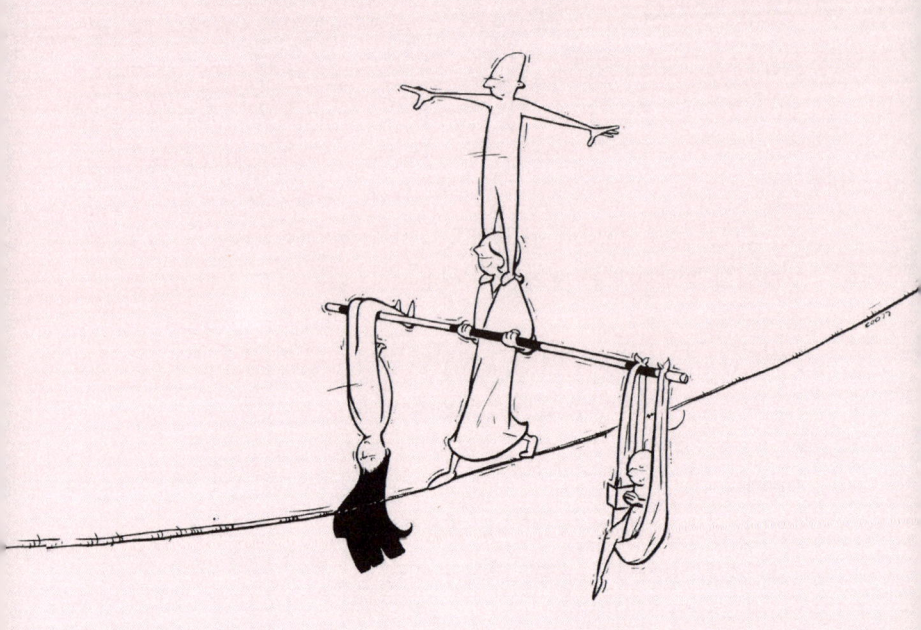

안심해라.
내가 균형을 잡고 있다….

균형감

균형을 잡는 데 가장 중요한 것은 무엇일까?
중심을 잡는 것이다.
어디에 기준을 두고 중심을 잡느냐에 따라
균형을 잡을 수도, 치우쳐 떨어질 수도 있다.

변하지 않는 기준,
흔들리지 않는 중심,
그것만 잡으면 된다.
그러면 균형을 잡은 것이다.

예수님을 잡자.

나는 길이요 진리요 생명이라
누구든지 나를 통하지 않고는
아버지께로 올 자가 없느니라

요한복음 14:6 참고

PART
4

성도의 마음

깨닫고 돌이키는 순간,
그 자리에 천국이 임합니다….

회개는 무거운 개념이 아닙니다.
천국 시민의 시민권을 획득하는 것입니다.

깨달음

가장 무서운 죄는 '깨닫지 않는 것'이다.
깨닫지 않으면 돌이킬 수도 없기 때문이다.

…깨닫지 못하는 백성은 망하리라
호세아서 4:14

따끔한 충고란 침을 맞는 것입니다.

변함없이 침 놔주는 누군가가 있다는 것은
얼마나 큰 축복인지요!

잊혀짐

가장 무서운 벌은 '잊혀지는 것'이다.
화내지도 혼내지도 않는다는 것은
'버렸다'는 의미니까….

네가 네 하나님의 율법을 잊었으니
나도 네 자녀들을 잊어버리리라

호세아서 4:6

사탄은 찬스에 강합니다.
마음 안에 생긴 작은 틈새를
절대 놓치지 않습니다.

항상 깨어 있어야만
이 틈새를 메울 수 있습니다.

생활영성

거대한 성벽을 재건하기보단
자주 틈새를 보수하자.

영성이란 그런 게 아닐까?

너희도 아는 바니
만일 집주인이 도둑이 어느 시각에 올 줄을 알았더라면
깨어 있어 그 집을 뚫지 못하게 하였으리라

마태복음 24:43

너희는 나그네^{타국인}를 사랑하라
전에 너희도 애굽 땅에서 나그네 되었음이니라

신명기 10:19

타국인으로 살아가는 모든 선교사님들과
국내 다문화 가정을 섬기는 모든 사역자 분들께
존경과 감사를 표합니다.

타국인

나그네로 오 년,
해외에서 외국인으로 떠돌다 보니
저 말씀이 내 말씀이 되었다….
서러울 때마다 얼마나 큰 위로를 받았는지 모른다.

한국으로 돌아온 지금,
국내의 외국인 노동자들이
전과 다르게 보인다.

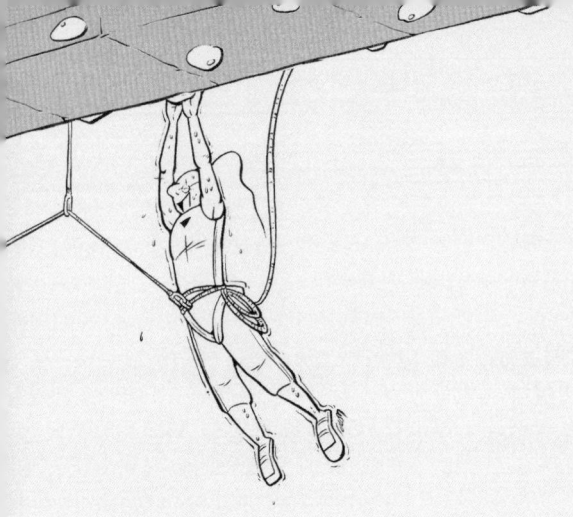

율법이니, 계명이니
혈기왕성할 때는 마냥 답답하고
고리타분하게만 느껴졌었어요.

하지만 이제는 조금 알 것 같습니다.
그런 원칙들이 위기의 순간마다
보이지 않게 나를 잡아주고 있었다는 것을….

원칙

원칙이란
평소에는 답답하게 매여 있다는 느낌을 주나
위기에는 안전하게 묶여 있다는 느낌을 준다.
자동차의 안전띠와 같다.

늘 대장만 하고 싶은 나.
주도권을 놓는 것은 갈수록 더 힘겨워진다.
왜 그런 걸까?

공동체가 하나 된다는 것

공동체가 하나 된다는 것은
내 것을 버린다는 것이다.

아주 간단하다.

공동체 분열의 원인이 '사랑'일 때도 있습니다.

좋아하는 사람만 좋아하는 것은
미워하는 것만큼 분열의 원인이 될 수 있습니다.

공동체를 사랑한다는 것

공동체를 사랑한다는 것은
공동체 전체를 사랑한다는 것이다.

아주 간단하다.

상황이 복잡할수록 심플하게 가야 합니다.
진리를 좇아가야 합니다.

본질

본질이란 본디 단순하다.
복잡한 본질이란 세상에 없다.

말하고자 하면 아이지만
듣고자 하면 어른입니다.

물론 나이와 무관합니다.

진짜 어른

내 말만 쏟아내고 싶지
남의 말 받아내고 싶지 않다.

마음이 자라지 않아 그런 것 같다.

지혜 智慧
[쉘마 레브, 히브리어로 '듣는 마음']

진짜 지혜

어릴 때는 엄마 말 들어 나쁠 것 없고,
학생 때는 선생님 말 들어 나쁠 것 없고,
결혼해서는 아내 말 들어 나쁠 것 없다.

그런데 하나님은
엄마와 선생님과 아내를 합친 것보다
지혜로우시다.

내가 그를 위하여
모든 것을 잃어버리고 배설물로 여김은
그리스도를 얻고 그 안에서 발견되려 함이니…

빌립보서 3:8,9

진짜 업그레이드

세상은 더하는 것$^+$을 업그레이드라고 하지만
성경은 덜어내는 것$^-$을 업그레이드라고 한다.
예수 그리스도만 남을 때까지.

이게 참…
쉽지 않다.

오직 부르심을 입은 자들에게는
유대인이나 헬라인이나 그리스도는 하나님의 능력이요
하나님의 지혜니라

고린도전서 1:24

똑똑한 사람

하나님 보시기에 똑똑한 사람은,
계산이 빠르거나
탁월한 논리력을 갖춘 사람이 아니다.
사람들 눈에 미련하게 보일지라도
그분께만 붙어 있는 사람이
하나님 보시기에 진짜 똑똑한 사람이다.

이 단순한 사실을 선교사 십 년 차에 깨닫는다.
내가 똑똑하다고 생각했는데
정말 무지했구나….

십자가의 도가
멸망하는 자들에게는 미련한 것이요
구원을 받는 우리에게는 하나님의 능력이라

고린도전서 1:18

말씀 01

말씀을 사모하자.
그리고 꼭 붙들자.
비웃어도 상관없다.

살 길은 그 길뿐.

열정만큼 중요한 것이 분별입니다.

말씀 02

사모하는 만큼 공부하자.
정확하고 바르게 알자.

뜨거운 가슴으로,
엉뚱한 곳을 향해 달려가는 것만큼
안타까운 일이 또 어디에 있을까?

무술에 있어서 수련은 중요하지만
그보다 중요한 것이 단련이다.
'수련'은 단순히 기술을 습득하는 것이지만,
'단련'은 습득한 기술을 연습해서
내 기술이 되게 하는 것이기 때문이다.

말씀 03

아는 만큼 살아내자.
실천을 하자.
삶으로 임상실험해야 한다.
그래야 검증이 된다.

진짜 내 말씀이 된다.

교회는 염전입니다.
소금을 만들어 내보내는 염전.

소금

소금을 내보내지 않고 쌓아두면 어떤 일이 생길까?
어떤 일이 생기긴…
썩겠지.

너희는 세상의 소금이니
소금이 만일 그 맛을 잃으면 무엇으로 짜게 하리요…

마태복음 5:13

성경은 내 인생의 주인공이
내가 아닌 예수님이라 말한다.
그 말에 순종하면 내가 잠시 밀려나는 듯하지만
결국에는 더 빛나는 존재가 된다.

참 아이러니하다.

명품 조연

주연만 배우인가?
조연도 배우다.
게다가 조연도 다 같은 조연이 아니다.
'명품 조연'은 따로 있다.

자기 캐릭터를 잃지 않으면서
주연 캐릭터를 빛내주는 배우.
세상은 그런 배우를 명품 조연
혹은 '신 스틸러'Scene stealer라고 말한다.

신앙도 마찬가지 아닐까?
내 인생의 주인공이 내가 아닌 예수님이 되고,
나는 그분의 조연이 되려 할 때,
내가 더욱 빛나게 된다.

'명품 신앙'이 된다.

방주 vs 배

방주는 배가 아니다.
물 위에 떠다녔다는 이유로 배처럼 이미지화되는데
엄연히 배와 방주는 다르다.

배에는 방향을 조정하는 '조타 장치'와
속도를 조절하는 '출력 장치'가 있다.
내가 원하는 방향과 속도로 나아갈 수 있다.

하지만 방주는 조타 장치도, 출력 장치도 없다.
내가 원하는 방향과 속도로 나아갈 수가 없다.
그저 물살에 이끌려 표류할 뿐이다.
내게 통제권이 없는 상태이다.

노아는 어떤 심정이었을까?
지금의 나와 같았을까?

차라리 거친 파도를 헤쳐나가고 싶다….

하지만 그럴 때조차도 내가 할 수 있는 일은
그저 하늘을 바라보는 것이다.
어쩌겠는가?
물살을 움직이시는 분이 하나님이신 것을.

나도 노아처럼
그분의 때에 그분의 방식으로
어느 육지에 가닿기를 기다리는 수밖에….

너는 네 아내와 네 아들들과 네 며느리들과 함께
방주에서 나오고…

창세기 8:16

침묵이란 입이 말하지 않는 것이 아니라
마음이 말하지 않는 것입니다….

결혼기념일 선물을 준비했습니다.
선물을 받고 기뻐할 아내의 모습이 눈에 선하게 그려지네요.

선물을 준비하면서 느낀 재밌는 점은,
주는 제가 받는 아내보다 더 설렌다는 것입니다.
내 돈을 쓰고, 내가 수고하는 건데
내가 더 설렌다니 참 아이러니하지요.
아마도 그게 주는 사람의 마음인가 봅니다.

하나님도 우리 삶에 많은 것을 주셨습니다.
동일한 마음으로 주신 것이라 믿습니다.
그리고 앞으로도 같은 마음으로 주실 겁니다.

깜짝 선물

혹시 인생의 고비를 넘기는 중인가?
조금만 더 참을 수 있다면 정말 좋겠다.

그 고비만 넘기면
분명 깜짝 선물이 준비되어 있을 테니까.

받을 당신보다
더 설레며 준비하는 분이 계시니까.

기대해보자.

사람들은 모두
저마다의 고비를 넘기며 살아갑니다.

하지만 그 고비 너머에는
저마다의 반전도 기다리고 있습니다.

"아무 결단도 내리고 싶지 않고
 어떤 책임도 지고 싶지 않아요.
 그냥 이 안에 머물러 있을래요."

가장 안전해 보이는 그 자리가
당신을 가두고 있는 감옥일지도….

안전지대

여호와께서 아브람에게 이르시되
너는 너의 고향과 친척과 아버지의 집을 떠나
내가 네게 보여줄 땅으로 가라
창세기 12:1

고대 중동은 국가 시대가 아니다.
족장과 부족의 시대이다.
당연히 이런 시대에는
법의 틀도 잡혀 있지 않고 치안도 변변치 않았을 것이며,
인권 개념 같은 게 있었을 리 만무하다.
그저 힘 있는 사람이 약한 사람을 지배하던
단순한 약육강식의 시대였다.

이런 시대에는 가족간의 협력이 매우 중요했다.
힘으로 나를 억압하려는 다른 부족으로부터
내 생명과 재산을 지켜주는 이는
같은 부족인 가족들뿐이기 때문이었다.
그런데 하나님께서 아브라함에게
가족과 고향을 떠나라고 명령하신다.
이는 단순한 이사나 이민을 의미하는 것이 아니다.
안전지대로부터 벗어나라는 것을 의미한다.

믿음으로 아브라함은 부르심을 받았을 때에
순종하여 장래의 유업으로 받을 땅에 나아갈새
갈 바를 알지 못하고 나아갔으며

히브리서 11:8

갈 바를 알지 못하고 나아갔으며

십수 년을 선교사로 살면서 여러 나라를 다녔지만
여전히 낯선 장소에 가는 것은 무섭다.
긴장이 된다.

그나마 혼자 다닐 때는 덜했는데
식솔이 생기고 나니 더 긴장이 된다.
가장의 책임이 더해져서 그런 것 같다.

낯선 장소에 잠시 다녀오는 것도 이리 긴장이 되는데
대식구를 거느리고 나아가는 아브라함의 심정은 어땠을까?

어디로 가야 하는지…
가는 곳은 또 어떤 곳인지….

갈 바를 알지 못하고 첫걸음을 떼는 그의 발걸음은
설렘이었을까, 두려움이었을까?
혹은 둘 다였을까?

나를 벗어나면 다시 만나게 되는 '나'

변화와 성장을 갈망한다면
익숙한 것으로부터 벗어나야 합니다.

변화와 성장

또 네 씨로 말미암아 천하 만민이 복을 받으리니
이는 네가 나의 말을 다 준행하였음이니라
창세기 22:18

아브라함의 결단과 발걸음은 거대한 흔적이 되었다.
그는 믿음의 모델, 믿음의 조상이 되었다.

위험부담 없이 변화할 수는 없을까?
손해보지 않고 성장하려면 어떻게 해야 할까?

언제나 이런 계산을 하는 내게
아브라함이 이미 답을 주었다.

범사에 감사하라!

감사

감사는 또 어떠한가?
우리 삶에 감사한 일들만 가득할까?
정말 그렇다면 얼마나 좋을까!
하지만 그럴 수가 없다.
삶은 동화가 아니니까.

범사에 감사하라는 말씀은
결국 감사할 수 없을 때 감사하는 데 그 핵심이 있다.

단순한 느낌이나 감정의 결과물이 아닌,
감사할 수 없는 수많은 장애물을 뛰어넘어
치열하게 자기와 싸우기.

때론 투쟁인 것이다.

우리가 육신으로 행하나 육신에 따라 싸우지 아니하노니
우리의 싸우는 무기는 육신에 속한 것이 아니요…

고린도후서 10:3,4

마음이 제멋대로 하게 두면 하나님 손 놓칩니다.

마음

무릇 마음을 지켜야 한다.
그리스도인의 힘은 마음의 중심이다.

모든 지킬 만한 것 중에 더욱 네 마음을 지키라
생명의 근원이 이에서 남이니라

잠언 4:23

밭을 갈고 씨앗을 심어야 할 때는
자라는 나무를 볼 수도,
맺힌 열매를 딸 수도 없습니다.
하루하루를 무미건조하게 보내는 것처럼
느껴지기도 합니다.

하지만 허락하신 그때그때를
성실하게 살아내는 것.
이 역시도 하나님이 기뻐하시는
'성도의 삶'입니다.

행복

실시간으로 행복을 느껴본 적이 많지 않다.
대부분 행복을 느끼는 순간은
시간이 좀 지나서다.

'생각해보니 그때가 참 좋았네…'
'그런 게 행복이었구나…'

꼭 지나서야 행복을 느끼는
이 아둔함은 언제쯤 고쳐질까?
행복에 대한 기준이 높아서 그런 건가?

무난하게 보내는 하루하루를
행복의 기준으로 잡아야겠다.
자꾸 행복을 놓치는 것 같아 아쉽다.

충성심^{Royalty}이란 한눈팔지 않는 것.
고결한 정신입니다.

Keep going

CGN TV에 출연한 적이 있다.
강연 프로그램 '나침반'.
그림으로 선교했던 이야기를 나눴는데,
적지 않은 분들이 공감해주셨고, 피드백도 좋았다.
출연하길 잘한 것 같았다.

하지만 결과 이면에 쉽지 않은 과정이 있었다….
출연 결정까지 나름의 고민이 많았다.

막막한 예술가의 삶.
실체가 잡히지 않는 선교 사역.
생소하기만 한 예술 선교사의 길.

당시 나는 한 가정의 가장으로서
'과연 이 길을 계속 가야만 할 것인가….'
심각하게 고민하고 있었다.

당연히 그런 마음의 상태로
출연 제의를 냉큼 받아들일 순 없었다.
심사숙고해야만 했다.

그런데 시간 가는 줄 모르고 고민하다 보니
출연 날짜가 코앞에 다가와 있었다.
그러곤 출연 당일….
카메라 앞에서 막 말해버리고 말았다.
마치 내 삶에 엄청난 비전과 확신이 있는 것처럼….

한참을 카메라 앞에서 떠든 후에
집에 돌아오자 엄청난 두려움이 몰려왔다.
'도대체 내가 무슨 말을 하고 온 거야!!!???….'

두려움 가운데 잠이 깬 다음 날 아침,
묵상 중 나지막이 주님의 음성을 들었다.

'Keep going….'
가던 길을 계속 가라

내가 주저하니까 빼도 박도 못하게 하려고
카메라 앞에 세워 내 입으로 선포하게 하신 것 같았다.
이제는 정말 뒤돌아볼 수 없게 돼버렸다.

바람은 계산하는 것이 아니라 극복하는 것이다.
— 영화 〈최종병기 활〉 중에서

혹시 지금 이 글을 읽는 당신도
나처럼 고민 가운데 있는가?

만약 그렇다면 대단치 않은 내 이야기가
당신에게 '나침반'이 되어주길 소망해본다.

당신도 Keep going….

Keep going….

내가 달려갈 길과 주 예수께 받은 사명

곧 하나님의 은혜의 복음을 증언하는 일을 마치려 함에는

나의 생명조차 조금도 귀한 것으로 여기지 아니하노라

사도행전 20:24

이야기를 마치며

가끔은 그런 생각이 든다.
눈에 보이지 않고,
손에 잡히지 않으며,
대화도 나눌 수 없는 하나님을
왜 이리 믿고 따르는 것인지.
어쩌자고 나는 믿음이란 것을 갖게 됐는지….

사실 답은 없다.
그저 믿음이 내 의지와 노력으로 찾아낸 것이 아니라
어느 날 주어진 선물 같은 것임을.
그래서 내가 스스로 버릴 수 없다는 것,
이외에는 스스로를 납득시키거나
남에게 설명할 길이 없다.
신비의 영역이다.

무엇보다 버리기에는 너무 많이 그분과 결속되어 버렸다.
너무 많이 의지하고 신뢰하게 되었다.
돌아올 수 없는 강을 건넌 느낌이다….

그러니 어쩌겠는가!
가던 여정을 계속 가는 수밖에.
전진하는 수밖에.

결국 전진이란,
계속 가지를 쳐가는 것이다.
예수님 외에 다른 것이 더 중요한 가치로
자라나지 않도록 가지치기를 해나가는 것.

앞으로도 더 많은 잔가지들이 자랄 것이다.
나는 나를 안다. 나는 불완전하다.
그러니 가지치기를 평생의 취미로 삼으련다.

얼굴과 얼굴을 대면하는 그날까지.

우리가 지금은 거울로 보는 것같이 희미하나
그때에는 얼굴과 얼굴을 대하여 볼 것이요
지금은 내가 부분적으로 아나
그때에는 주께서 나를 아신 것같이 내가 온전히 알리라
고린도전서 13:12

감사의 글

누군가 이 책을 읽고
아주 조금의 위안이라도 얻었다면.
아주 조금의 도움이라도 받았다면.
저자인 내가 아닌,
지금부터 소개하는 동역자들에게
감사하는 마음을 가져주면 좋겠다.

오랜 벗 안성규 가정, 김진철 가정.
형 같은 동생 김학준 가정.
든든한 나무기둥 같은 석금숙 고모님.
친할머니 같은 민명자 권사님.
영원한 동역자 곽은혜 선생님, 정효은 선생님.
인천애광교회 성도님들.

십 년을 한결같이 매달 창작지원금을 보내주신 분들이다.

내가 먹고사는 문제에 온 신경을 집중해야 했다면
그림을 그리고, 글을 쓰는 일을 할 수 없었을 것이다.
당연히 이 책 또한 세상에 나올 수 없었을 것이고.

이들이 내가 져야 할 가장의 무게를 분담해주셨다.
이들이 보내준 지원금으로 종이와 붓을 살 수 있었고,
쌀도 사 먹고, 옷도 사 입었다(가끔 커피도 사 마셨다).

그러므로 이 책은 나 혼자 쓴 게 절대 아니다.
이들과 함께 쓴 책이다.

아니,
이들을 내게 붙여주신 하나님과 함께 쓴 책이다.

마음 드림

초판 1쇄 발행	2017년 12월 8일
초판 5쇄 발행	2023년 2월 25일

지은이 석용욱

펴낸이 여진구
책임편집 김아진
편집 이영주 박소영 최현수 안수경 김도연 정아혜
책임디자인 마영애 | 노지현 조은혜 이하은
홍보·외서 진효지
마케팅 김상순 강성민   **마케팅지원** 최영배 정나영
제작 조영석   **경영지원** 김혜경 김경희 이지수

303비전성경암송학교 박정숙
이슬비전도학교 / 303비전성경암송학교 / 303비전꿈나무장학회

펴낸곳 규장

주소 06770 서울시 서초구 매헌로 16길 20(양재2동) 규장선교센터
전화 02)578-0003   **팩스** 02)578-7332
이메일 kyujang0691@gmail.com   **홈페이지** www.kyujang.com
페이스북 facebook.com/kyujangbook   **인스타그램** instagram.com/kyujang_com
카카오스토리 story.kakao.com/kyujangbook
등록일 1978.8.14. 제1-22

ⓒ 저자와의 협약 아래 인지는 생략되었습니다.
이 출판물은 저작권법에 의해 보호를 받는 저작물이므로 무단 전재와 무단 복제를 할 수 없습니다.

책값 뒤표지에 있습니다.
ISBN 978-89-6097-520-0 03230

규|장|수|칙

1. 기도로 기획하고 기도로 제작한다.
2. 오직 그리스도의 성품을 사모하는 독자가 원하고 필요로 하는 책만을 출판한다.
3. 한 활자 한 문장에 온 정성을 쏟는다.
4. 성실과 정확을 생명으로 삼고 일한다.
5. 긍정적이며 적극적인 신앙과 신행일치에의 안내자의 사명을 다한다.
6. 충고와 조언을 항상 감사로 경청한다.
7. 지상목표는 문서선교에 있다.

하나님을 사랑하는 자 곧 그의 뜻대로 부르심을 입은 자들에게는 모든 것이 合力하여 善을 이루느니라(롬 8:28)

규장은 문서를 통해 복음전파와 신앙교육에 주력하는 국제적 출판사들의 협의체인 복음주의출판협회(E.C.P.A:Evangelical Christian Publishers Association)의 출판정신에 동참하는 회원(Associate Member)입니다.